U0516861

职场真话

认清自己，
看懂市场，
选好工作

薛毅然
陈舒扬
著

中信出版集团 | 北京

图书在版编目（CIP）数据

职场真话：认清自己，看懂市场，选好工作 / 薛毅然，陈舒扬著 .—北京：中信出版社，2022.7
ISBN 978-7-5217-4394-4

I.①职… II.①薛… ②陈… III.①职业－应用心理学－通俗读物 IV.① C913.2-49

中国版本图书馆 CIP 数据核字（2022）第 080763 号

职场真话——认清自己，看懂市场，选好工作
著者： 薛毅然 陈舒扬
出版发行：中信出版集团股份有限公司
　　　　　（北京市朝阳区惠新东街甲 4 号富盛大厦 2 座 邮编 100029）
承印者： 天津丰富彩艺印刷有限公司

开本：880mm×1230mm 1/32　　印张：10.25　　字数：200 千字
版次：2022 年 7 月第 1 版　　印次：2022 年 7 月第 1 次印刷
书号：ISBN 978–7–5217–4394–4
定价：56.00 元

这是一个谨慎的职场 "老江湖" 大胆讲出的真话

资深生涯咨询师、畅销书作者

赵 昂

拿到这本书的审阅版，我一口气读完，又读了第二遍。这本书像一块风干了的牛肉，嚼劲十足，营养丰富，耐人寻味。

我和薛毅然老师结识于 2016 年，那年她在在行上约我做咨询，具体聊的什么内容，我已经不记得了。但是谈话过程中，薛老师给我的感觉仍记忆犹新：通透而富有能量。我一直认为，咨询是一个互相激发的过程，那一次，我被深深地激发了。

此后，我和薛老师虽见面并不多，交流也有限，但我每次都有类似的感受：打开一个话题就可以无限延展，过程中总能产生共鸣。我总是期待着，在毅然老师喜悦而富有洞见的能量场中能激发出更多的火花。

这样的感受也存在于这本书的阅读过程中。我总是读着读着就忍不住为理性的思辨点头称是，忍不住为精彩的策略、建议而叫好，忍不住参与讨论之中，去补充我在咨询中类似的经历。

然而，我不得不说，这并不是一本讨巧的书。毅然老师不用夸张的写法描述见过的精彩故事，而是用理性的语言呈现职场的不同侧面，她不去突出自己的高明见解，而是让事实说出职业发展本来的规律。以我的写作经验来看，毅然老师甚至太过谨慎，一再说自己局限、片面、无力、为难，仿佛一个治学严谨的学者在描述着一定实验条件下所得出的成果。

这才是真正的职场"老江湖"。

说是"老江湖"，是因为毅然老师见过的人太多了，看过的起起伏伏的职场故事也太多了。正是因为了解种种可能，她才懂得克制，知道机会在哪里，知道陷阱是什么，知道空间有多大，知道边界在哪里。说起来，就像"能掐会算"。其实，熟稔这行的才知道，必须靠多年的积累，加上持续的热情，才能掌握这套规律。

掌握这套规律的人不多，能大胆讲出来的人更少。我能看到的，是这大胆讲出真话背后的悲悯之心。

书中主题，涉猎广泛。从职业选择，到转型调整；从天赋发挥，到热情安放；从人际关系，到识人识己；从自由职业，到体制内发展；从团队管理，到连续创业；从单一成功，到多元幸福……几十个职场中的案例故事，在一问一答中，徐徐展开。如果张三不是你，那么李四和你很像；如果你没见过 A，一定和 B 做过同事；如果你不喜欢 Y 的活法，那也可以从 W 的故事里获

职场真话

得启发。

这本书又是那么耐人寻味。没有框架，却涵盖了你可能遇到的所有职场问题；没有讲道理，却把发展智慧藏在一个个案例起伏发展的脉络里；没有提供工具，却让人不经意地学会如何在自己的职业场景中实践应用；没有故意抓人眼球的金句，却让人忍不住反复阅读。

我忽然想到，这本书就像一张职场"清明上河图"，让你看见职场百态，洞悉发展智慧。

这本书值得每一个职场人带在身边，反复读。有机会的话，再找薛毅然老师约个咨询，不管你处在哪个节点，后面的职业发展一定会有意外的精彩。

我喜欢这样的书，我敬佩这样的作者。

序一

去跟真实的世界，碰撞出真实的可能

薛毅然

这两年，不少朋友建议我写书，说我有那么多"经验"，应该让更多人知道，能帮助大家少走很多弯路。

我说："对于大多数人来说，弯路也是必经之路。我也一样。"

1

我天生对人特别感兴趣。

上大学的时候，我们班有 46 个人，看一眼其他人的作业本，我就知道是谁的，根本不用看名字。这一方面跟我记性好有关，另一方面是我当时的确对字迹和人的个性之间的关系很敏感，并且感到好奇。

大学毕业后，我在高校做过辅导员，一直跟学生打交道，也感受到学生是分不同类型的。比如说有一些学生，我可以直截了当地批评他们，甚至是不讲情面地说他们，但他们跟我的关系还会特别好；有一些学生就需要多夸一夸，即使我不得不批评他们，也要苦口婆心一些。

硕士毕业后，如果按专业对口找工作，我应该去做审计或者财务之类的工作。当时有个特别偶然的机会，我的一个朋友对我说："毅然，你可以试着做人力资源的工作。"在2000年，"人力资源"还是一个比较新潮的词，大家以前都称其为"人事"。那就试试吧。后来我真找到一份人力资源的工作。

那我不是学这个专业的怎么办呢？自己看书，也去参加一些培训课程。令我印象很深的是在一次培训课上，老师讲招聘工作其实就是营销，既要给企业做宣传，让更多人投简历，又要想办法吸引企业满意的应聘者。也就是说，我在很多时候要主动思考：这个岗位需要什么样的人？遇到适合的候选人时，我要怎么说服他来我们公司工作？

人在不同阶段会有不同的执念。我在这家公司做了快7年的人力资源工作，但总觉得自己不够专业，想去咨询公司看看专业的人力资源管理工作是怎么做的。2007年，我跳槽去了一家咨询公司，成为一名咨询顾问。在咨询公司里，我的最大收获是，我开始与大量中高层管理人员进行访谈，以及参与客户的校招和社招工作，就是当面试官。这些都使我在短时间内见了非常多的人。粗略统计一下，在过去的20多年里，我面试过12000多人，深度访谈过2000多名中高层管理人员。

咨询顾问的工作经历，使我有机会在短时间内接触到各行各业、形形色色的职场人，也让我有机会了解到不同行业、不同类型的公司中有哪些岗位，以及这些岗位的工作职责和任职要求，还有就是不同类型的组织文化之间有什么差异，不同类型的人适合什么样的团队氛围……所以，我总说自己对真实世界的了解要比大多数人多，可以算得上"见多识广"了。

2015年，果壳孵化了一个创新项目——在行，就是大家可以通过在行App约见各领域的行家。我属于比较早期入驻此平台的行家，话题主要是转型、跳槽和职业发展。从2015年到2018年，我给800多人做了一对一的职业发展咨询辅导。

以往，无论是在甲方公司做人力资源工作，还是在咨询公司做面试官，我的关注点都是帮企业选到合适的人。但是做个人职业发展咨询时，我的关注点通常会聚焦于咨询者身上，会结合他的个人特质、所学专业和工作经验去思考他适合什么类型的组织、适合从事什么类型的工作，以及怎样才能得到更好的发展。我会更深度地了解每个人——天赋、优势、内在的动力机制，以及他在不同阶段可能会遇到的挑战。

我觉得这个过程特别有价值。如果仅仅是了解人，但不了解真实的世界，那我也不知道他在什么样的职场"游戏场"上更能展现天赋、优势；如果仅仅是基于岗位需求进行招聘工作，更像把人放在社会化分工的体系里头去匹配，有点把人当工具了。

积累了这么多案例之后，才有了 2018 年 8 月我在得到 App 上开课。

2

我跟舒扬第一次见面的时候，她正在得到做课程主编，我当时坦诚地讲："做个案咨询，我行；做课程，我真不知道怎么做。"后来在舒扬的支持下，我在得到的第一门课——《怎样找准你的职业路线》推出了。

此课程于 2018 年在得到 App 上线之后，我陆陆续续做了不少有关职业发展的个案咨询，现在已经积累了 1500 多个案例。对一般人来说，这个数据不算少了，如果把它放在中国这么丰富的职业市场上，其实这个数据还是很少。

我常说自己更熟悉一、二线城市的职场环境，对于其他地方的职场环境是没那么熟悉的，所以当其他城市的小伙伴来找我做咨询时，我当初大概率会婉拒。

自从我的课程在得到 App 上线之后，其他城市想要找我做职业发展咨询的人是越来越多，我也想去尝试找到一些支持大家打破职业困境的"破局点"。客观地讲，有一些案例让我产生了很大的挫败感。即使我对咨询者的个性、特点和优势有所了解，但是我发现他所在的城市根本没有可腾挪的空间，或者咨询者上有老、下有小，不可能一踔脚就离开原来的工作单位。想改变，但现实条件不允许，我也没什么好办法。

我觉得做职业咨询工作的核心价值是支持对方发起改变，走上一条适合自己的成长之路。但职业发展毕竟需要"实战场景"，不管什么原因，不能光靠"纸上谈兵"实现真切的成长和获得真切的变化，还是要在现实世界中找到那份具体的工作。

除了地域，我对咨询者的年龄也会有筛选。一般来说，如果咨询者的年龄在 40 岁以上，我会特别慎重。除非他在企业里做到了中高层管理者的职位，或者自己创业，或者跟朋友合伙创业，或者想转换跑道。并且通过前期的信息收集，我认为这个人原有的经验或资源积累具备重新组合的可能性，我才会接这个咨询。如果一个人快到 40 岁了，工作轨迹很单一，我也很难找到"破局点"，那我就不会接。

曾经有一个朋友问我："如果你不接，会不会让他们觉得自己一点希望都没有了？"这个问题，因为我没有办法回答，所以有了想写这样一本书的初衷。我想通过别人的故事，让更多人看到真实的世界。很多人可能并不需要来找我做咨询，看看这本书就可以了。

有一些人看到了真实的世界，自己就会掉转船头，或者去想现有的空间里有哪些腾挪的可能性。

我希望通过本书，让更多人对这个世界有更多、更真实的了解，而不是在自己想象的世界里摸爬滚打，再去与真实世界碰撞出真实的可能性。

3

　　我知道这一本书只是从我们的视角呈现了"一部分"真实的世界，现实世界一定比书里的内容更丰富多彩、更变幻莫测。我的经历、经验也是极其片面的，我的观察、思考也有很大的局限性，因此书中很多观点仅仅代表我个人。不一定对，或者说一定不对，因为很多观点都只适用于某个特定场景。

　　这本书是我跟舒扬从 2020 年下半年开始，到 2021 年上半年，一起通过访谈的形式写的。从书稿里的谈话到临近出版，过了一年多的时间，我仿佛又推翻了自己之前的一些想法，或者说想法有一些变化。这些变化也是咨询者带给我的。他们不断地带给我新的冲击。

　　比如说一个女生从安徽来到北京工作。我看了她的履历，跨度很大，既是跨城市，又是跨行业和岗位，我心想：她是怎么找到这份工作的？一定是找到人进行了内推。这是我的判断。事实上，这个女生告诉我，她就是通过投简历找到了这份工作。我以前认为这种大跨度的职业转型只能找内推或者熟人推荐，但她用真实的案例告诉我："靠投简历就成了！"

　　感谢她让我看到了自己的"自以为是"，也让我再次提醒自己要有敬畏之心。

　　真实的世界，永远比我的经验丰富。所以这两年我也在真实的世界里不停地升级自己，不断地否定过往的经验，不断地收获新的东西。

我最近在辅导一个 60 多岁的姐姐做"超级个体"。在过往的经验中，我基本上会觉得面对 40 岁以上的咨询者，自己就没啥办法了。而这个 60 多岁的姐姐，她之前的职业生涯基本上告一段落，她想开启退休后职业生涯的后半程，而我也在她身上看到了很多可能性。

我在想，自己过去可能太关注一般概念上的"职场"，所以会觉得 40 岁以后可以改变的空间很有限，其实还是有很多可能性的。

所以，在这本书的开头，我想跟大家讲——在这本书里，你可以看到职场中客观存在的一些情况，但是职场可能也没这么简单，大家都可以在这个鲜活的世界里用自己的聪明才智去体验、去感受，勇敢地走出属于自己的职业成长之路，而且一定要找到职业幸福感!

4

我跟舒扬认识快 4 年了，有时候我觉得舒扬比我自己还了解我"有"什么，所以这本书采用了访谈体。我当时跟舒扬说自己有很多想说的，但也不知道怎么"提取"出来，舒扬说那我们就通过提问吧，确定几个大的主题，然后向我提问。在这个过程中，我的一些观察，我的一些分析，我的一些经验，我的一些总结，被激发出来了。

我们在 2021 年底开始做的播客《识人识己》，也是这样一种围绕主题进行谈话的形式。

　　最近我们还在做一个新的事情。我们征集了将近 20 位职场人做一对一的职业咨询，打算用文字的方式把整个咨询过程呈现出来。我们想用这种方式，把丰富的世界一点点地向大家打开。毕竟我们每个人只能生活在自己有限的时间和空间里头。一本书也好，一个播客也好，一次聊天也好，都像我们用一个摄像头抓取完信息然后分享给大家。面对这些信息，请大家不要简单地说它们是对是错，它们是信息，是我们抓取的、加工过的信息，包含了别人的讲述、别人的故事，也包含了我们这些"抓取者"的视角，甚至是偏见。

　　但它们是客观存在的。

序二

人在发现自己的误解后成长

陈舒扬

　　做记者的时候，我从前辈那里学到一个词，说记者要学会找"富矿"。富矿指的是那些有着不同寻常的阅历和视角，能够为记者提供稀缺且有价值的信息的人。可能是职业印记带来的敏感，认识薛老师的时候，我就觉得她是那个富矿。尽管我已经离开传统媒体行业，但仍在用其他方式为社会传播有价值的信息。

　　这本书的产生，包括后来的《识人识己》播客的诞生，在我的理解里，都源自我跟薛老师拥有某种内在相同的价值观。这个价值观至少包含两个层面：对客观事实的尊重，对一个求同存异的世界的倡导。而在传播中，我们也都有一些表达上的洁癖。我们考虑过用其他的体裁来呈现这本书，但最终认为采用任何形式都会牺牲掉内容本身的丰富性和真实度，所以我们选择了对话这种古老而朴素的文体。

"被误解是表达者的宿命。"不过我从来不怕误解和被误解。我认为人就是在发现自己对这个世界、对别人的误解中成长的。我曾经对世界有比现在多10倍的误解，那也理所应当承受别人的误解。误解和偏见都不可怕，可怕的是认为世界就是自己以为的那个样子，然后故步自封。

这本书可能会让一些人觉得醍醐灌顶，也可能会让一些人觉得老生常谈，而这就是这个世界的丰富多样之所在。如果你是一位用心的读者，我相信你一定会在某个地方收获惊讶，或者惊喜。

目录

职场真话 **1**

大多数人对工作有认知误区

职场真话 **4**

太乖的人，不容易开心

职场真话 **5**

你不需要很聪明，怕的是太封闭

职场真话 **8**

可能没有人想PUA你

职场真话 **9**

自由职业，更不容易

职场真话 **12**

打工人，也要懂公司、懂管理

职场真话 **13**

如果不想"躺平"，
你该了解的"职场通用能力"

十三次访谈发生于2020年下半年到2021年下半年

考虑到当事人隐私，书中讲到的案例，都进行了模糊处理和改编

职场真话

1

大多数人对
工作有认知误区

本章讨论的话题：

来访者经常遇到的几类难题

什么样的人更容易通过职业咨询获得改变

这本书希望传递什么样的客观认知

做了1500多例个案咨询后，薛毅然有什么新发现

本章案例：

不想再做销售的老销售人

从小到大学艺术，但临毕业坚决不想干对口工作的女生

从零开始找职业方向的"自来熟"应届生

活在被父母干涉的怨念里的痛苦职场人

有些咨询诉求，
咨询师也无能为力

薛毅然　我今天做了一次让我特别有挫败感的咨询。

陈舒扬　这是个好话题，我们就从让你有挫败感的咨询讲起吧。挫败感是怎么一回事？

薛毅然　先说我最喜欢的客户是什么样的。第一种是诉求很明确的客户，比如说他有 3 个录取通知，来跟我商量该怎么选。这个时候我会根据他本人的特点，结合公司、岗位，从工作内容到团队再到平台的发展，分析不同的选择给他带来的未来可能性，提醒他做选择的时候要关注什么。这是最简单的一种客户，因为他的咨询需求很具体。

还有一种，就是客户现在的职业发展其实还好，他希望了解自己下一步有哪些需要注意的地方。比如说想知道自己是适合走管理路线，还是适合走专业技术路线，或者是适合待在甲方公司还是乙方公司。这种咨询其实也不是很难，结合客户过去的经历、职业测评数据，基本上我能够给他一些对未来的建议。

做职业咨询，我是注重结果导向的（风格）。我希望在这一次咨询后，对方能获得一些具体的东西，让他有所行动。而不是说因为我陪伴了他这么长时间，我就按时间收费。

如果让我总结，有三种客户，特别容易让我有挫败感。

第一种是过往的经验太少，或者太单一的客户。如果是毕业不久的，也没关系，就怕那种年龄不小的。比如说 30 岁左右了，而过往的职场经验太少；比如说当了很多年全职妈妈的，需要帮她找那些门槛比较低且符合她特点的岗位，看能不能帮她迈出第一步。遇到这些情况，有时候难度会很大。

第二种是自己绝对不想做现在和过去一直在做的事情，说要转行的客户。刚才说的今天让我有挫败感的咨询就是这种情况。一个从毕业开始做了 7 年销售工作的女生，说自己再也不想做销售了。再比如说我曾经见过一个从小学艺术、研究生学艺术教育、即将硕士毕业的姑娘，她一路学的是艺术，但是她告诉我，自己就是不想去干跟艺术有关的事情了。

第三种是要的不是工作而是自我实现的客户。

大家可能会觉得奇怪，认为工作都是要自我实现的。其实不一定。在工作中特别希望自我实现，我不能说这不对，但有的时候工作未必能承载这样的功能。

我们站在一个更长的时间轴上看，工业化大生产带来社会分工，社会分工让每个人有了工作。我们现在觉得每个人都有工作是很正常的，但是回到早期的人类社会，比如农耕社会那会儿，人们的工作是什么呢？或者在几百年前的欧洲，如果我是铁匠，那我儿子就是铁匠；如果他是裁缝，那他家孩子可能一辈子也就是裁缝。工作就是一种谋生技能。现在，工作变成了社会分工的结果，大部分人在社会这个体系里承载一部分功能，然后日复一日地"搬砖"。

我们老觉得"搬砖"是一个贬义词，但你想想，大多数工作其实就是在搬砖，不过是有些人在搬数据的砖，有些人在搬信息的砖，有些人在搬文字的砖，有些人在搬商务的砖。现在互联网、创业、新兴经济，似乎让大家看到了所谓的自我实现，但现在的工作和以前的在本质上没有区别。我们父母那一辈儿，在体制内评职称、当官，而现在你在企业里，变成高级的专业技术人员，不过是在搬更难的砖。你带团队，说得直白一点儿，何尝不是在带着部门的伙伴一起"搬砖"？

陈舒扬　你说的后两种客户，一种是受不了自己现在的工作想转型的，一种是想要自我实现的。你觉得他们的问题在于自己没想明白，我理解，但这些为什么会让你有挫败感？

薛毅然　我不太愿意打击别人。我心里头愿意去做的事是，比如说对方是一团火，那我特希望给他添一把柴，而不是浇一瓢凉水。所以我的挫败感在于，我要把真相说出来，但是我又没有给人家更好的解决方案。我当然也可以自己给自己宽心，比如我们做咨询顾问的经常会对自己说："如果客户的需求不客观，你也没有办法。"如果是企业客户，我会说得很直白，告诉对方他的需求不切实际。但是面对鲜活的个体，我反倒不太忍心去告诉他这个世界到底有多么现实。

比如职业转型，一个做财务的女生说自己不想做财务了，想去人力资源部做薪酬管理工作。我不是说这没有可能实现，但问题是，谁愿意给你这个机会？除非这家公司的人事是你表姐，或者这家公司的副总是你表姐，然后她推荐说："哎，我有一个表妹可以来试试，人还可以。"可能还会实现。职业转型没有那么容易，并不是你考一个证，或者你觉得自己擅长做什么，就能转成功的。如果你没有相关经历，也不是学这个专业的，你说自己就是不喜欢跟数字打交道，哦，然后呢？有那么多人力资源专业毕业的人等着我去挑，我为什么要招你？

我看到这样的人，就好像看到一个人手里有一杯牛奶，但他跟我说："我就是不想喝这杯牛奶。"但他现在除了牛奶，什么都没有。他以后也许会有，可是职场就是如此"冷酷无情"——你付出时间和劳动，完成工作任务，获得相应的报酬。

人和职业的关系，
不像拼图那样严丝合缝

陈舒扬　但比方说，做了多年销售工作的这个女生就是不想再做销售了，如果自身的意愿和动力足够强，她跳出去的可能性是不是还挺大的？

小A，33岁，

工作7年的顶级销售员，拼命、有韧性，

希望永远逃离销售岗位。

薛毅然　这种事情往下说就很有意思。第一，她仿佛特别希望从我嘴里听到："你的确不适合做销售，所以你做得特别痛苦，那就别做了。"事实上，这怎么可能呢？她做了多年销售工作，每年都是顶级销售员，能说她真的不适合这份工作吗？

其实不是。人和职业的关系，不像拼图那样严丝合缝，每个人就只适合在某一个地方。比方说这个女生，她有三个很明显的特点。第一，她是特别拼命的人，她能成为顶级销售员，是因为每天工作到差不多晚上 10 点或 11 点，能拼是她的优势，也可以说只要不是她特别不擅长的事，多年下来，她都能做得不错；

第二，她对解决难题、钻研东西本身有非常大的兴趣，比如她跟我讲，行业里头别的公司的情况，她都摸得很清楚，所以她才能够更好地去说服潜在用户，并且她可以给潜在用户提很多有用的建议；第三，她很有韧劲，这个特点对做销售工作也有帮助。我们都知道，做销售都有追单，你没有韧劲的话，可能就追不成。

有这三个特点，她做其他的工作，可能也会做得不错。我当时就告诉她："如果你非要一跺脚去干别的，不是不可以，你去看看自己的人脉中有没有人可以帮你推开一扇门，给你一个机会。"但是这个女生的测评数据告诉我，她特别不适合干那种需要在组织内部协调、沟通的事情。虽然她之前一直做销售工作，也是跟人打交道，但拥有 To C（面向普通客户）的销售技能并不等于擅长处理复杂的人际难题。假设是 To B（面向企业客户）的业务拓展或销售，她未必搞得定。在她的盖洛普职业测评数据里，"个别"和"战略"这两项才干都特别靠后，这基本上代表这个人不适合处理复杂的人际关系。所以我还对她说："你要干，就去干跟数据和信息打交道的事情。但是你现在已经 30 多岁，这样的机会可能很难找。"

其实，我觉得小A不是不喜欢自己现在的工作，而是不满意自己现在的工作状态，并不是销售工作本身让她不满意。这又是另一个话题了。

话说回来，我做咨询的挫败感从哪里来？我觉得是这样的，来找我的客户，基本上都会有自己的期待。面对大多数客户的期待，我会想方设法地扶上马送他一程，因为我各行各业的经验、资源特别丰富。比方说那个不愿意做跟艺术有关工作的学艺术的姑娘，我虽然不会给她非常明确的指点，但是我可能会向她推荐3个在互联网公司不同岗位上工作的人，让她去聊一聊。我觉得这可能对她也有帮助，因为她刚毕业，还是一张白纸。至于这个做了7年销售的女生，我好像不知道该怎么帮她。

其实我说的挫败感有点像无力感。反思一下，可能是我这个人太想去"控制"结果了，但一次咨询能改变什么呢？有些情况可能会发生很大的变化，而有些情况是木已成舟，我也无能为力。

行动力强的人，
咨询效果更好

陈舒扬 哈哈，那对比一下，你觉得做得很顺利的咨询，是什么样子的？

小B，22岁，
准应届毕业生，"自来熟"，乐观、爱表达，不喜欢自己的专业。

薛毅然　比如说有一个准应届毕业生小 B 来找我，我看了他的盖洛普职业测评数据，问他的第一个问题是"你有多少信用卡的卡债"。他当时感到很奇怪，说："你为什么会觉得我有卡债？"其实这是我从测评数据里推测出来的。然后我就告诉他："你很乐观，对未来有很好的期待，但是你也要知道铤而走险的代价有时候特别大。"

他学的是园艺，但很不喜欢这个专业。我看了他的测评数据，知道他其实适合做偏拓展性的工作，因为他属于"自来熟"，见到生人就想说话。这样的人，实话讲，未必能说得多好、说得多到位，但是喜欢说也是一种优势。而且他对新世界充满了兴趣，这样的人适合做拓展性的工作。

我当时还跟小 B 讲，做销售工作的话，我不建议他去一些大公司。因为这个小伙子有一个特点——不太服管。比如说在类似于银行这样的机构里头做客户经理，他会感到不舒服，他适合去"阿里铁军"那种冲锋陷阵的地方。我还告诉他，他不适合做 To C 的工作，因为他没有耐心，他适合 To B。如果平台好，他也可以去接触一些中小型企业的客户。我把他的个人特点弄清楚之后，行动方案就很清楚了。我跟他说："你回到学校就开始找工作、找实习机会，什么业务拓展啊、商务啊，你都可以去面试，因为增加面试经验对你也很重要。"

我还跟他说："你面试的时候，其实是在评估这家公司怎么样，这个面试的领导水平高不高。你见多了，自然就能够分辨其水平高低。如果有公司给你发实习的录取通知，你就去，因为还有几个月才毕业。你去的话，也不要考虑在实习期给自己多少钱，你可能去了3周发现这家公司是'皮包公司'，老板不行，产品也不行，那也没关系，你就撤。"

小B是从外地过来找我的，我还建议他多在自己的城市参加一些线下活动，多进行社交，主动去找一些"圈子"。

小B回去后不久就给我发信息，说自己按照我告诉他的，一边找各种面试机会，一边找圈子。起初，获得面试机会比较难，他不知道从哪里破局，后来他就把重点放在找圈子上。在这个过程中，他认识了某家广告销售公司的市场总监。这个总监也很年轻，他们比较聊得来，他就跟着这个总监去了那家广告销售公司实习，入了广告销售这一行。过了半年多，他又跟我反馈自己的新进展，说在一家MCN[1]机构做商务。

这就是一个让我感觉很好的咨询，我很明确地知道客户擅长做什么，给客户圈定了大致的方向，同时告诉他怎么去做。并且客户又是那种你只要说我就会马上动起来的人。

陈舒扬　也就是说对那些只是缺乏经验、方向的人，你提供给他们自己的见识和判断，告诉他们该怎么做，他们去做就好了。有一些人，卡在"思想"上，你面对他们需要做的是思想工作。

1　全称为Multi-Channel Network，是跟随国外视频网站衍生的新业态，即"网红经济公司"。简而言之是通过资金、创作规划和分发渠道去帮助内容生产者的公司。——编者注

有些职业咨询，
似乎做成了心理咨询

薛毅然　这里可以说到另一种情况——有的职业咨询，生生地让我做成心理咨询。

小C，29岁，

顶尖大学硕士毕业，被父母强迫选择财务专业，后续跳槽始终不顺利。

　　一个本科和硕士都毕业于一流大学的女生，本科学的是英语，大二的时候要读第二学位，她爸爸非让她去读财务管理，跟她打了一个半小时的电话，电话都打热了。她爸爸特别坚持，然后她就选了财务管理。

　　她来找我做咨询的时候，说从毕业找工作到后来的跳槽都不太顺利，在这个过程中好像总有一些说不出来的别扭。在跟她交谈的过程中，我看出来一点，就是她一直把自己后来工作上的不顺归咎于父母当初的干涉。我当时就问了个问题："你能放过你爸妈吗？"她停顿了一下，过了好一会儿说："我好像放过他们了。"

其实，在咨询过程中，这算是特别有风险的方式。这样破局搞不好会让客户觉得我太有侵略性或者太主观了。但这一次还算成功，因为我看到了她对我的信任。

小C不喜欢学财务管理，学习时产生的挫败感很强；后来找工作的时候，产生的挫败感也很强。一步步下来，她的挫败感会让她父母觉得，孩子本来很优秀，但现在状态不好。所以，我对她说"放过你爸妈"其实是告诉她，你可以自己做主。与其说是放过父母，不如说是放过自己。就相当于一个女生找了个渣男，被这个渣男骗了，她是恨这个渣男，但更多的是恨眼瞎的自己。那次咨询中，我跟她很长时间都在聊这些，她目前的工作反而没多聊。

像这一次咨询，我是尝试改变客户的心理状态，就是让小C觉得，可以跟过去说拜拜了，选择权、掌控权在自己手里。比如她跟我聊了很多自己对商业的愤怒，后来我发现其实更多的是对父母的愤怒。我跟她这么讲，她也意识到了。在整个聊天的过程中，她也看到自己跟父母之间的冲突都会演化成她在工作中对别人的愤怒。她自己也说，在工作中感到很愤怒的时候会破罐子破摔。这有点像在说"我干不好，都是因为当时你们让我选这个专业"。如果这种状态不能调整过来，她就算再聪明、再优秀，也干不好。

咨询结束后，我们俩一起下楼，我打车回家，她说要自己溜达溜达。后来我在车上收到她发的一张截屏图片，是她在手机备忘录里头写的想法，挺长。我能感觉到她的状态在变好，她也觉得这次咨询帮她跨过了一道坎儿。

这就是一次非常像心理咨询的职业咨询。

对现实有客观认知，
"心理摩擦"就会更小

陈舒扬　如果把你的这些经验写成一本书，（在这本书中）你最想告诉大家的是什么？

薛毅然　第一，对工作也好，对职场也好，要有一个相对客观的认知，工作承载不了太多东西。如果他一定想在工作中找到自己的使命感、成就感、价值感，那我会劝这个人考虑创业。当一个人对现实有客观认知的时候，他跟现实的"心理摩擦"会变得更小，也就是他心里没那么别扭。

第二，我想跟大家讲，大多数人对自己的大学专业、第一份工作感到不满，这也很正常。你上大学报的专业不知道是谁给你报的，你上大学学的那些东西也过时了，其实大家的第一份工作都是误打误撞。我希望通过这本书，让大家看到很多惨痛的案例，尤其想让那些还没有毕业的大学生早一点儿看到。至少他们可以在大三、大四的时候多实习，多去跟现实碰撞，就能早点儿知道自己最不擅长什么，然后避开。

只有跟现实碰撞，一个人才能真的了解自己适合什么、不适合什么。我记得有人跟我说，因为上学的时候特别不喜欢某一个老师，所以不想当老师，但看过他的测评数据后，我发现他其实挺适合当老师的。

所以一个人在上大学或者读硕士期间要多去参与社会实践、实习，千万不要一叶障目。当一个人的世界变大了，信息量更丰富了，他就可能会做出更好的选择和判断。我希望这本书能帮一些人打开探索外在世界的门。

第三，你觉得专业不是自己喜欢的，第一份工作也不是自己喜欢的，工作三五年之后，转型成功的可能性还是有的，例子其实也不少。但是转型成功一定不是在头脑中转型，很多想转型的人停留在胡思乱想的阶段，或者觉得考个证书就能转型。想要转型的人一定要跟社会上的人多互动。我常常劝人说世界要变大，不是说你应该多去社交，而是说你在社交中能够获取更丰富、更鲜活的第一手信息。

很多人是从知乎、豆瓣这些地方获取信息的，不是不行，但是一定不要偏信。有的时候，别人走不通，不代表你走不通；别人走得通，不代表你也能走通。因为职业发展和职业转型，这些东西太个性化了。你不能因为张三说了这事儿不行，你就真认为不行；你也不能因为李四说了这事儿可以，你就真以为可以。要多去问一些人，自己多尝试。

我也经常跟大家说去找一个职业咨询师吧，但你如果认为职业咨询师能帮你解决问题，就太天真了。我做咨询时都会不断地要求自己，一定要给客户有价值的信息，帮他们做出一些改变，不管是改善在职场的状态，还是能提升其内心的满意度或者生活的幸福感。这是我对自己的要求。即便如此，有的时候，我也会有无力感和挫败感，因为这事儿没那么简单。

在这本书里，我希望通过案例给更多人一些启发。我不喜欢就一个问题给出一个答案，我喜欢讲案例，喜欢用案例来回答问题。因为案例本身是鲜活的，携带更丰富的信息。

说得直白一点，我觉得这本书的价值，就是可以向人们提供关于现实职场的多方位信息。我不敢说自己对职场的认知有多全、多深，我只能说自己像一个信息交会的节点。比如说我做过很多事业单位的管理咨询，一个事业单位的小伙伴来找我时，可能聊三五句话，我就能知道他单位的每个部门是做什么的、有什么样的文化、什么样的人在里头更容易混得下去。

陈舒扬　我再问一个有点尖锐的问题：你离开职场也比较久了，会不会担心自己可能并不完全懂现在年轻人所处的职场？还是说你觉得太阳底下没有新鲜事？

薛毅然　实话实说，有一些行业和领域，在第一次接触的时候，我是有些忐忑的。如果是我特别熟悉的岗位或者行业，我可以胸有成竹地说，我比对方更了解他们公司是什么样的。

但是有一点非常重要，就是公司也好，部门也好，岗位也好，人也好，分门别类之后，其实就那几种。只要客户给我足够的信息，我把这些信息输入自己的信息库，我就能抓住这个岗位的核心，然后去跟客户探讨。比如我一般会先问客户所在的公司有多少人，这家公司是哪年成立的，老板是什么背景，客户现在这个部门的领导在这儿待多久了，他以前是在哪儿工作的，等等。只要把这些信息给我，我就能够快速地勾勒出来这家公司大概的样子。这依靠的是我对现实世界丰富的认识和理解。因为大量的客户会跟我讲自己所在公司的情况，所以我的现实世界信息库是不断更新的，那我遇到一个来访者，他所在的公司、部门是什么情况，我脑子里的信息库基本上是很快能够匹配上的。

很多事情归根结底是对人的洞察。比如我经常跟客户说，他在这家公司可能会遇到这样或那样的问题，然后他会说遇到过了。原因就是——那样的人，在那样的组织中，遇到那样的领导，发生那样的故事，是大概率事件。

基本上，我只要看到一个人的测评数据，他最不适合做什么，我是知道的；他最适合做什么，如果你一定让我说一个选项，我可能也回答不上来，因为没有那么绝对。但他大体适合干哪几类工作，我心里是有数的。我的确遇到过不少客户，我说他们就是适合做销售，然后他们就去做销售，做得非常好。我甚至知道一个人适合跟什么样的领导一起干活，知道一个人适合在什么样的组织平台工作，是大平台、中平台，还是小平台，或者适合一家处于什么发展阶段的公司，是 To B 的还是 To C 的，是资源驱动型的还是业务驱动型的，等等。

做职业咨询，
也拓宽了我对现实世界的认知

陈舒扬　做了很多咨询之后，你有什么新的发现吗？

薛毅然　有。一个发现是关于人的复杂性、多样性。我对两者的认识越来越多，理解的颗粒度也变得越来越细。

2015年，我开始做个人的职业咨询。当时我并不是专门去学了职业生涯规划的相关课程才来做职业咨询的，而是因为我之前做企业管理咨询、人才盘点时，在对各行各业、各种岗位、各种人的认识与理解上，积累了很多经验。当时经常会有认识的人推荐别人来找我做咨询，慢慢地，我的口碑还不错，我开始觉得做个人的职业咨询也挺有成就感的。

但是在2015年，比如说我遇到你这种类型的客户，我可能是不太容易搞明白的。其实那种特别务实的人，我是最容易理解的，包括那些有野心、有政治手腕的人，我也特别容易理解。这些人在职场中其实都是更容易混得风生水起的。

遇到那种专业技术人员，我也可以应对。但来找我做咨询的专业技术人员其实不多，因为他们可能没那么多问题需要咨询。专业技术岗位的人找我做咨询，很常见的一种情况是，我会推动他多去看看外头的机会，告诉他不能等到想跳槽的时候再去看。因为当你跟外头有更多交集的时候，机会和信息会更容易进入你的世界。然后我可能会教他怎么在公司里、行业内去展示自己的专业能力，让老板看得见，也包括教他怎么跟领导处关系，才能拿到更好的资源。我甚至会去帮他规划，如何在不同的专业线上找到一条更容易脱颖而出的。总之，面对那种专业技术人员，我其实也可以应对。

当时，我特别害怕遇到的，是那种"理想主义"的人。你只要接地气，我就能帮到你；但是，如果你比较理想主义，那我可能无法帮到你。我不是说理想主义不好，而是我觉得在理想主义里面，有一种叫异想天开。我就怕遇到那种又理想主义又异想天开的人。在前几年刚做咨询的时候，遇到这样的客户，我会觉得："想啥呢，这不是做白日梦吗？"但现在可能是接触多了，我会觉得："嗯，这个世界上的确有那样一批人。"

陈舒扬　嗯，那你有没有找到一些可以帮到他们的通用方法？

薛毅然　我觉得是这样的，面对理想主义的人，首先要把他们拉回现实。因为职业也好，工作也好，它还是一件很现实的事情。

那拉回现实的方法是什么呢？首先我会接纳他的理想主义，然后告诉他把时间纳入思考范畴。什么意思呢？我不是要他放弃理想主义，而是让他先将理想主义"悬挂"起来。以前我看到理想主义的人会先头疼，但现在我能够接纳他们。接纳之后，我去做现实和理想的"剥离"。我会跟他聊在不同的阶段关注什么，可能在这个阶段，他关注的是房贷，关注的是升职加薪，那我就跟他聊要做一些什么样的努力、准备，可能对现阶段的他更好。我尊重他们的理想主义，给他们的理想主义留有未来的可能性，以及美好的祝福。很多理想主义者的理想主义里往往会有对抗情绪，我会帮他们卸下这种情绪。当然前提是我自己不对抗，我自己能接纳理想主义者。

另外，很多有理想主义的人其实是希望为这个世界的一些物种，或者其他人，做一些更有价值的事情。那我就会鼓励他们去做一些类似于当志愿者的事情，我会建议他们理想不能仅停留在自己的意识中，只有做了才会形成正反馈。这个东西跟钱没关系，但是可能会让你的内心变得更温暖、更有力量。我经常举一个不恰当的例子，说我们每个人都是手机，白天用了一天了，晚上就要充电，这样第二天才能接着用。如果去做自己喜欢的事情，你这个手机就更容易充上电。很多人特别希望自己现在的工作就能跟理想匹配，哪那么容易？有时候我会开玩笑说："让你感到愉悦的东西，都是需要花钱的。"

陈舒扬　除了对人的复杂性和多样性有了更多理解，你觉得自己还有什么改变？

薛毅然　我变得更包容。我原来是一个评判心很重的人，比如对于务实这件事情，我以前其实有很高的要求，我觉得人在工作中一定要务实，要脚踏实地。

另外，因为我自己是个"工作狂"，所以我以前会觉得：如果你不想付出、不想努力，你为什么还想有收获？想啥呢？在这方面，我也会对某些人有评判。

　　但现在，我见到一个人可能会先评估一下这个人的"出厂设置"是不是努力、是不是务实。如果是，那我知道他在现实世界里头怎么能够做得更好，我会给他一些方法、一些指点。但是，看到有些人的测评数据，我可能会开玩笑说："你就是天生吃喝玩乐的一副牌。"但是呢，只要是人，就会被这个世界的主流宣传、被父母、被身边的人搞得很焦虑，觉得自己一定要有点什么作为。如果这是一个家里资产比较雄厚的人，那我可能会换个角度去跟他讲："人生不是一定要功成名就，每个人如何幸福地生活，有很多种选项。"

　　当我接受了每个人都有自己的"出厂设置"这件事，我对人也没有那么多评判了。

　　在这里解释一下"出厂设置"。我经常用这个词，性格有天生的成分，后天环境对其也会有影响，"出厂设置"是一个人的性格里边比较稳定的、不太容易被改变的部分。关于我们为什么要接受一个人的"出厂设置"，讲述盖洛普优势理论的那本书《盖洛普优势识别器 2.0》，给了我很多启发。

　　这几年，我其实是很享受做咨询的这个过程的，有时候我会跟客户说："哎，跟你说但你也别不高兴。你来了，我的案例库就又增加了一个独特的'人版'。"很多客户跟我关系特别好，他们实际上是把我当成良师益友，如果他们知道我把他们当成案例，他们可能会有点伤心，但这就是我的一种很本能的爱好，也是很本能的快乐源泉。当然我觉得这跟我们成为良师益友也并不冲突。

陈舒扬　对你来说，还有什么疑惑在等着被解开吗？换句话说，出于你对人性的好奇，还有什么是你在找答案的？

薛毅然　具体的疑惑肯定有，但都属于未来随着我见到的人越来越多，会逐渐解开的那种。举个例子，我看盖洛普测评报告看得多了，一般拿到一份报告后，我很快就能搞清楚这是个什么样的人。但是呢，在拿到一些人的测评报告时，我就会觉得，自己好像不太熟悉这种类型，于是在我见他之前，我会更加好奇于他是个什么样的人。而我对有些人的好奇心没有那么重，因为他跟我案例库里的某种类型太匹配了。所以遇到不太熟悉的类型，我反而更开心，然后我会在脑中带着一些"小灯泡"跟他聊。在聊的过程中，他的轮廓可能慢慢变清晰了，然后我就特开心，因为自己的案例库又增加了一个新鲜的样本。

还有就是，比如说我明天要见一个人，但这个人的情况有点复杂，那今天我就会在大脑中一直想这件事，想他这种情况的破局点大概在哪儿。有时候突然就想明白了，那是一种很兴奋的感觉，就像数学题终于解出来的那种兴奋。

所以我觉得这也不叫疑惑，这是一个过程。

咨询其实是信息的交换和思维的碰撞，不是我的独舞。所以我很感谢自己的客户，不管是现实主义的，还是理想主义的，他们对我来说都是礼物。前一种人让我在自己擅长的领域去发挥，后一种人让我对世界有了更丰富的认识。我非常清楚自己是一个格局不大的人，但这几年里，因为咨询，我把自己的格局一点点"撑"大了。

#重要的话#

- 人和职业的关系，不像拼图那样严丝合缝，每个人就只适合在某一个地方。
- 不喜欢现在的这份工作，要分清自己是不满意现在的工作状态，还是真的不喜欢这份工作。
- 一点点建立对现实的客观认知。当一个人对现实有客观认知的时候，他跟现实的"心理摩擦"会变得更小，也就是心里没那么别扭。
- 多实习，多实践，多去跟现实碰撞，这样才能早点儿知道自己最不擅长什么，然后避开。
- 跟社会上的人多互动。不是说非得去社交，而是在社交中，你能够获取更丰富、更鲜活的第一手信息。很多人是从网上获取信息的，不是不行，但不要偏信。

职场真话 2

理想主义者，
别跟职场较劲儿

本章讨论的话题:

人们口中的"自我实现"到底是什么

公司需要的究竟是"工具人"还是有主动性、创造性的员工

哪些职场现实会让理想主义者寒心

会做人有多重要

"老好人"为什么很难在职场出头

如果性格决定命运,那我们可以做点什么

本章案例:

工作一年多,不满意自己一直在"搬砖"的小伙子

假设薛毅然回到过去,选了另一个职业,她会有什么不一样

困在"比较"和"排名"里的人，是无法做到自我实现的

陈舒扬　上次聊到的几个点，我觉得有必要再聊一聊。我们上次聊到，工作未必能承载自我实现的功能，大部分工作就是"搬砖"。但自我实现到底是什么？这可能是很多人回答不上来的问题。你怎么看？

薛毅然　自我实现，这讲起来确实有点虚。

在中国人从小到大的成长经历中，我们会发现大多数孩子是在"比较""排名"的体系里头长大的。因为我们从小受的教育，就是注重各种各样的排名、考级，这让大家自然而然地形成了一种将这种外在体系内化的评价系统——我要更靠前的排名，

我要升职加薪。

很多来找我做咨询的客户，尤其是那些毕业院校非常好但是在职场上混得不那么好的，他们的自我实现，更多是基于比较和排名。对于他们来说，在比较中胜出，可能就是一种自我实现。这样的人，往往会希望有一种可量化的方式来评价自己在工作中的表现。

问题是，在高中也好，在大学也好，考试时你得 99 分，我得 98 分，你就是比我强，但是在工作中，在同一个部门，绩效第一的那个人真的比别人突出很多吗？如果真的很突出，大家也就认了，但是实际情况是往往没有那么明确的衡量标准。对刚才说的那种好学生来说，他们自我实现的概念会变得比较模糊，除了升职加薪，他们也不知道自己在职场中到底想获得什么。但是如果他们不能实现升职加薪，那就是自我实现受挫。

比如我曾经遇到过一个人，他说自己毕业 6 年了，现在特不愿意参加同学聚会，因为自己一个月的收入可能还赶不上别的同学一个星期的收入。他甚至说再过两年，可能人家一个月的收入就比自己一年的收入高。这会给他带来非常强烈的挫败感。

对很多人来说，钱、级别，确实就是衡量是否做到自我实现的标准。这个标准放在过去，可能看你是科长还是处长；放在现在，可能看你是经理、总监，还是副总，年薪是 20 万还是 200 万。创业也一样，很多人在晒自己拿到了哪家资本多少千万的领投。人都是在用这样的标准去衡量是否做到了自我实现。

就以我为例，我这 10 年做自由职业的总收入，平均到每年之后一定不如我当年留在甲方公司，也不如我当年留在咨询公司，而且后来我也不是没有机会去某家公司做人力资源合伙人。但是我做现在的事情是因为喜欢，包括我现在同时做 To B 和 To C 的业务。如果按单位时间的收费来算，To B 的收入可能是 To C 的两倍，但是我还是会不断地去做 To C。内驱力之一是好奇。在给个人做咨询的时候，我能够拥有信息的交换和互动，包括我自己没有办法接触某个新世界，但通过某个人，我能够感受到那个新世界。

我们说时代在变化，但是有些规律，包括人，这些核心的东西不会变。但是呢，的确有很多东西需要我们放在社会的具体背景、具体阶段中去理解，否则所谓规律也都是死的。所以，我很愿意让那些鲜活的生命进入我的世界。

另一个内驱力就是，做 To C 业务，有的时候我真的就是特别开心。当我看到一个人做完咨询，他的能量值发生变化的时候，我特别开心。虽然没有办法用体温计一样的东西去衡量一个人的能量值，但我们其实是能够感受到的。如果说一个人的能量值总分是 10 分，我希望通过一个多小时的咨询让他的能量值提升两分。这里说的提升不单单是指"打鸡血"，我也不是专门哄人开心的，而是我可能让他有了那么一个比较明确的方向或目标，他可以去行动，然后通过行动找到正反馈。

话说回来，人的自我实现到底是什么？我经常说，一个人的价值一定是在跟别人交换的过程中产生的。我做的事有价值，一定是因为我在这个世界上跟别人产生了交换。只不过，这个价值

~~不一定是用钱来衡量的。~~

我有的时候会跟别人讲，做一些自己觉得对别人有价值而且自己又感到很愉悦的事情，这可能也是一种自我实现。只不过这种事情不一定能跟你的工作结合在一起，不一定能跟工作有交集。比如说有一些人爱看小说，爱写书评、影评，那我就建议大家去写，写了就会有读者、有反馈。

陈舒扬　我特别认同你说的，自我价值的实现一定是在跟别人交换的过程中产生的。

自我实现，
是"自我"的实现

薛毅然　也不是来找我的人都跟我聊自我实现。谈到自我实现，我会想到三类人。

第一类人，他们身上会有一点"乔布斯的味道"，即他们总想要去做一款能够改变世界或者改变什么的产品。世界哪那么容易被改变啊？这样的人每次跟我谈到自己的理想，我就会把他从空中拉下来，我会问："咱们先不要去想改变世界、改变人类，先想想你的这种创造，放在当下的工作中能改变点什么？"如果他说自己目前在一个相对保守的环境里，改变不了什么，那我可能还会问："那在生活中可以改变一些什么？"我之所以这么追问，其实是在帮他找出口。因为自我实现总是要有出口的，但是升职加薪是一个太窄的出口。我会跟他聊一聊在工作之外，他能否找到一些可以做的事情。也许不是最理想的，但是至少不必在这里胡思乱想，而是去做出一点点改变。

第二类呢，我发现很多人想要的自我实现，其实是"感到自己对别人有价值"，即自己能为别人做些什么。现在很多人开始学教练技术，学职业生涯规划，然后给别人做辅导，我觉得挺好的。比如说我前两天看到有人免费给还没毕业的学生做长期的职业辅导。现在很多学生有焦虑和抑郁的情绪，有人愿意做志愿者，阶段性地跟他们交流，甚至有的时候一起吃饭，我觉得这种方式也是特别好的。做这些事情，对很多人来说也是一种自我实现。不是只有在职场才能做到自我实现。

第三类人，典型的例子就是全职妈妈。来找我的很多女性客户在跟我探讨自己的工作和生活的时候，会觉得自己看透了职场，知道自己不是特别擅长职场这个游戏场的人，而且从整个家庭的财务状况上看，自己也没有必要为了那点月薪去工作。她们可能更愿意花一些时间去陪伴孩子，去做自己喜欢的事情。这样的人也不全是女性，我也遇到过男性。

一说到自我实现，我们想到的不是乔布斯就是马云，要不就是那种发光发热去帮助别人的人，但我觉得这样的全职妈妈，也做到了自我实现。

我会跟很多女性说："你可以做一个全职妈妈，但并不是要做一个全职保姆。"有的全职妈妈把所有时间给了家庭和孩子，这不是自我实现，而是自我牺牲。但是，有的全职妈妈会跟我说自己非常喜欢瑜伽，或者非常喜欢芳疗这些东西，那我可能会跟她说："你可以一直去学、去练、去分享，但并不是非得靠这个来赚钱，去证明你的价值。当然不排除以后可以用这个赚钱。如果你非常喜欢，那去享受做这件事本身何尝不是自我实现？"

其实这样的女性也活出了自我，她们有很好的精神状态，也很认同自己作为全职妈妈给家庭创造的价值，又把婚姻和孩子照顾得很好，这何尝不是自我实现？

比如我的一个前同事，她人在上海，有一段时间也跟我一样做独立的咨询顾问。她也是在孩子很小的时候离开职场的。我们知道上海的教育竞争很激烈，但她把孩子培养得特别好。2020年开始，我发现她经常在朋友圈里分享一些自己的小沙龙，类似于家长学堂，也就是去帮助家长规划孩子的升学之路。我觉得这也很好，她一开始是专门培养自己的孩子，孩子培养得很好之后，她开始做一些经验分享。做这些事情也许不如我们做咨询项目的收入高，但是她自己做得很开心。

我觉得自我实现就是，我喜欢自己现在干的活儿，我干得开心；我对这个世界、这个社会，或者某一类人是有价值的；我的存在，我做的某一件事情，是为了使这个世界的某一个细节变得更好。

越成熟的公司，
工作越像"搬砖"

陈舒扬　自我实现这个话题我们先说到这儿，我挺想再聊一聊"搬砖"这个事。我们看到，很多公司会强调员工的创造性、主动性，甚至很多招聘广告会说自己这里多么尊重创造性，用这种价值观去吸引人。那这样的工作也是"搬砖"吗？为什么公司喜欢往这个方向去宣传、包装自己？

薛毅然　我觉得是这样的，首先工作需要我们"搬砖"。讲个最简单的例子，楼下就是地铁 5 号线，它经过每一站都要严格控制发车时间。大到一个社会需要基础运行，小到一家公司，也是需要在某个框架里进行稳定的基础运行的。

　　现在的年轻人的确生活在一个很好的年代，在变化中有很多创新的机会，所以搬的"砖"种类很多。比如一个写代码的程序员跟一个做校园招聘的人力资源专员，做的事情很不一样，"搬砖"的方式也会不一样。不是有一个玩笑嘛，如果代码写得特别利索、文档做得特别好，那这个人就可以离职了，因为后面的人能跟上；但是如果一个程序员写代码写得很烂，公司就离不开他了，因为总会出这样那样的问题。同样是"搬砖"，其中当然还有高低层级之分。我接触过一些写代码的人，他们跟我说写代码这件事情并不像大家想的那么"直男"，一个好的架构背后其实需要很多创造性的东西，甚至是颠覆性的。虽然我不懂技术，但也听很多人跟我讲过，高手敲几行代码就能解决问题。

陈舒扬　我觉得这就是所谓专业，专业的人会更好、更高效地解决问题。

但你还是没有解答我对"搬砖"这个话题的疑惑。如果说大部分工作是"搬砖"，那"搬砖"的反面是什么？是说绝大部分人是盖房子的人，只有极少的人是设计房子的人吗？还是说大家对"搬砖"的不满，是觉得自己只能在别人设计好的游戏规则之下玩这个游戏？

薛毅然　这让我想起那个石匠的寓言，说有个人经过一个建筑工地，问那里的石匠在干什么。第一个石匠说："混口饭吃。"第二个石匠说："我在做石匠工作。"第三个石匠说："我正在盖一座教堂。"这个寓言也很有意思，不过那又是另外一个层面的话题了。

我觉得大家谈到"搬砖"的时候，主要还是指自己在做低水平、重复的事。

小D，23岁，

工作一年，

无法接受自己一直在"搬砖"。

我讲这么一件事吧。有一个小伙子来找我，小 D 当时也就工作了一年多，来跟我讨论"搬砖"的问题。我跟他说都是这样，最近不是有一个很流行的词叫"工具人"吗？最开始的时候，当你没有独立判断力、创造力，也不能解决复杂问题的时候，你就是个工具人，你就是在做最基本的事情。

然后我问他："那你看看自己这个小组的领导，他除了要分配工作给你们，自己也得做一些具体的事情，对吧？"他说是。我接着问："他是不是还要做一些跨部门的协调工作？"他说是。

我又问："再往上，就是比你的小组长再高一个层级的人，他平时做些什么工作？他的工作内容吸不吸引你？"然后他就想了想说："其实我觉得做到他那个职位好像也没有多好，就还是在'搬砖'。"

我建议他再往上想，他就想到了分管他们的一个创始合伙人，说："嗯，我觉得他的工作内容是我喜欢的。"

到了创始合伙人这个级别，其实是在做决策，做一些公司的战略规划，或者做一些创新性的探索。

后来我就跟他讲："那你可以去网上搜一下，了解一下这个创始合伙人的背景，看他是怎么一步步走到今天的。如果他用 10 年走到今天，那你能不能用 8 年走到那个位置上？你也可以了解一下他工作的第一年是不是也在'搬砖'。"这个小伙子就明白了。

当然，话说回来，不同的工作，差别确实挺大的。比如你之前做媒体或者做内容，往往需要面对很多复杂的问题，做一些创造性的工作。但确实有大量的人，包括北大、清华毕业的，在做那种流程化的、重复的事情。一般来说，越大的公司、管控越严格的公司，工作的"搬砖属性"就越强，职级更高的人可能会好一点。

回到你说的那个问题，有的招聘广告经常写得很炫，说多么尊重创造性。其实你去看看银行招柜员，这个岗位的招聘广告肯定不会写得那么炫。现在有很多创业公司、互联网公司强调扁平化管理，因为在外部环境变化很快时，它们的确需要员工有更强的自主性、创造性。做社群也好，做活动策划也好，做用户增长也好，其实都是需要自主性、创造性的。这是由互联网公司或者创业公司的业务特点和发展阶段决定的，这是一方面。

你想想看招聘广告的人基本是 35 岁以下，也就是说现在找工作、换工作的主流人群是 90 后、95 后，他们有自己的文化、语言模式。我觉得有很大的一种可能，是那个写招聘广告的人不过是在迎合潮流罢了，这是另一方面。当然有的公司的确是希望吸引一些更有内驱力、创造力的小伙伴。公司的招聘广告也就是一份文案，实际上它有很多吸睛的成分，但要招什么样的人，归根结底是由岗位需求来定的。我没有听说哪家公司在招财务人员时要找一个多么有创造力的人。

百分之七八十的人进入新公司，
都会有些失望

陈舒扬　招聘广告通常会传递企业的文化和价值观，那些强调公司文化是鼓励自主性的，岂不是会让加入公司的人期望落空？

薛毅然　肯定会失望的。我们抛开这个不谈，我觉得百分之七八十的人进入一家公司之后，都会有这样那样的失望。越年轻的人，越容易失望。因为年纪大一点的人会变得现实一些，他至少换了几份工作，有经验了。

不管你对一家公司抱有什么希望，你入职之后大概率会失望，这是第一点。

第二点就是，员工入职之后的失望程度大概率跟这家公司的文化关系不大，跟他待的部门关系更大。人力资源在写招聘信息的时候会写"组织文化"，但其实你不太能根据一家企业自己宣称的组织文化，来预测自己入职后会感受到的氛围。如果你真的想知道未来你可能加入的这个团队是种什么样的氛围，其实你在面试的时候应该跟用人部门的领导，也就是你未来的直属领导多交流，多问一问他们现在在做什么，都是怎么做的。

陈舒扬　我特别喜欢那种写得很实在的招聘广告，就是你看一眼就知道对方想要什么。这样的话，我会觉得这个团队很实在，做事应该也比较靠谱、效率高。

薛毅然 因为舒扬你是做文字工作的，所以你对文字是很敏感的。但是你要知道，很多写招聘广告的人可能就是人力资源部的一个人，甚至说不定是一个实习生。他就是先到网上去查查，复制类似的文案，然后根据自己的习惯做一些修改。如果他的上级对文字也不敏感，那这个岗位的招聘广告可能就这么发布了。你说的那种比较实在的招聘广告，可能是部门负责人自己写的，而且这样的部门负责人可能也是专业性比较强的。

陈舒扬 让我们回到这次访谈一开始的主题，也就是继续给理想主义者泼冷水。你觉得职场里有哪些让理想主义者觉得非常寒心的现实？

薛毅然 我觉得有三个方面。

第一个方面是，大多数的理想主义者会有一种崇高的价值观，或者说道德感比较强。过去有一个概念，说所有的资本其实都是有原罪的。我们不说它到底对不对，事实上，企业在发展的过程中，一定会有一些事情做得不那么正规。比如说公司这款产品的性能还不太稳定，但是如果这个项目不赶紧抢下来，可能公司就进不了客户的供应商名录了。再比如说明明现在公司服务人员的服务能力跟不上，但是客户经理还是会跟客户说，一定马上派多少人服务，等等。这种事情在理想主义者看来，属于不能够说到做到或者说有失道德水准的。他们在遇到这类事情的时候，就觉得特别难接受。

第二个方面呢，就是所谓商场如战场，职场中肯定也会有竞争。不管是公司的不同部门之间抢资源、"踢皮球"，还是同部门的同事之间的竞争。不管这家公司的企业文化或者老板的讲话稿说起来多么冠冕堂皇，落实到具体事情的时候，说一套做一套或者前后不一致的情况一定存在。这些情况也会让理想主义者觉得特别寒心。

最后一个方面呢，就是理想主义者往往会希望身边的人跟自己拥有一样的道德和价值标准。而当他们发现，在内部的绩效评估甚至升职过程中，那些精致的利己主义者往往更容易升职加薪、获得更高回报的时候，他们就会觉得自己坚持的东西并不能得到认可，也会比较难受。

出厂设置：
知其所能、所不能

陈舒扬　怎么看"越往上走，会做人越重要"？

薛毅然　越往上走，会做人越重要，我觉得要分两种情况来看。

一种情况是管理职级的需要。在团队的管理中，我们说部门的领导也好，条线的总监也好，当你做到某个管理职级的时候，你就会发现自己在工作中要去解决很多人际冲突。这种人际冲突不一定是两个人面对面的那种。比方说在一个项目里头，小王和小张可能因为工作配合出现问题了，或者小王要跟另外一个部门一起去完成一个项目，该怎么合作和分工呢？再比如说部门里的员工出现了一些工作上的纰漏，那你作为领导，既要跟客户去解释、跟内部去解释，还要有合理的处理办法。这些都跟我们说的做人有关。如果在这方面能力比较弱，一个人在管理岗位上的确很难做到得心应手。

其实还有一种情况。我们经常会看到一家公司里的法务总监或者技术总监、财务总监，也不是那种八面玲珑的人。甚至我们会发现在很多公司里，那种专业技术岗位上的"大拿"是个性鲜明的，可能脾气很差，不太好打交道。这样的人可能不是那么长袖善舞，但是他的底色通常是正直的、善良的。

所以会做人，我觉得要分成两种情况来看待：一种就是我们通常理解的那个意思，做人做事，八面玲珑；还有一种是说一个人的人品和业务能力得到了公司核心团队的认可和信任，至于他的工作方式、沟通方式，也许不那么让人舒服，但可以忽略不计。

陈舒扬　在职场上，"老好人"很难出头吗？

薛毅然 "老好人"肯定很难出头。

你想想"老好人"是指什么样的人？勤勤恳恳，不太会拒绝，回避冲突和矛盾，也没有很强的内驱力。

"老好人"没有攻击性，但我们会发现，那些有攻击性的人往往也更有爆发力。"老好人"实际上正缺少这样一种能量，会让老板觉得这个人没有什么冲劲儿，没有进取心。

还有就是，我们知道在公司里面一定会有冲突场景出现，"老好人"不愿意面对这种冲突，往往选择忍耐和退缩，甚至有的时候就是在和稀泥。但从用人的角度来看，尤其是在一些比较关键的岗位上，其实需要一个人坚守立场、勇于面对冲突和问题，能够分析、解决问题，而不是单纯维护关系。所以我们会发现大多数升到中层以上的管理者，其实是那种有勇气去面对挑战的人，甚至要有比较强的决断力。

陈舒扬 你认同性格决定命运吗？你经常提到出厂设置这个词。

薛毅然 在我看来，性格没办法拆解，或者说一往下拆解就特别容易说复杂。人的性格是极其复杂的，但不管是什么性格，人还是可以大体分为那么几类的。你可以把这个理解成出厂设置。

出厂设置，我是相信的。你可以想象有人是小白兔，有人是大灰狼，有人是山羊，有人可能是泥鳅……或者就拿人力资源最常用的 PDP[1] 模型来说，有的人是老虎，有的人是孔雀，有的人是考拉，有的人是猫头鹰，有的人是变色龙。即使是同一类型，彼此还是有复杂的差异的。人要比类型复杂得多！但你想想，比如说你要让"孔雀"去写代码，那难受的一定是他的领导；你让"猫头鹰"去讲课，他可能讲得特别好，但你要说服"猫头鹰"去讲课，那比说服"孔雀"去讲课，不知道要难多少倍！

那性格在多大程度上决定命运呢？以我为例，我的盖洛普测评数据出来之后，我看到自己最大的特点就是在做"传播"这件事情。也就是我很喜欢分享自己的一些想法，可以把这个理解成我核心的出厂设置。

那我们现在做一个时空穿越——假设我在不同的人生节点做出了不同的选择，结果会有什么不同？

重新选择职业的薛老师，

盖洛普测评特点在于擅长"传播"。

我本科读的是经济学，但假设我上大学选的不是经济学专

1　PDP性格测试，根据个体性格特质将人区分为五大族群，分别为老虎型、孔雀型、考拉型、猫头鹰型和变色龙型。——编者注

业，而是我考上了师范院校的历史系，那我毕业之后大概率去当历史老师了。去讲历史课，我也会讲得特别有意思。而且我相信如果自己教高中历史，我们班学生的成绩也会不错。

刚才说我本科学的是经济学，我有很多本科同学后来做了财务，假设当年我本科毕业就去做财务，情况会怎么样？我可能开始时也是做了一段时间最基础的"搬砖"工作，但我相信自己一定是财务部门里头较快承担对外沟通性工作的那个人。如果我做了审计，比如说在"四大"会计师事务所，我觉得自己也会很快成为那个对外去谈客户的人。甚至我很有可能会去业内讲课，比如怎么从审计的角度看财务管理，或者从审计的角度看整家公司经营的风险，等等。

我读研期间在广告公司实习过，所以毕业之后我还有一种可能——去广告公司。要是在广告公司，我觉得自己以后一定会成为大客户总监，也就是说我可能做不出特别漂亮的设计，但我特别会给客户讲案例。还有一种可能是我硕士毕业之后去甲方公司做市场营销或者销售，不管是哪种，我觉得自己的才华也是能够发挥出来的。

但我最后选择做人力资源。那你看做招聘、帮公司吸引人才，这不还是做传播或者开玩笑说是给别人洗脑吗？再后来我去做了人力资源专业领域的管理咨询工作，还是在做传播，就是拿着我们认为好的一套管理方案说服客户去用。我现在做的工作，既包括给企业客户做管理咨询服务，也包括给个人做职业咨询服务，也是去传播、影响他人。

所以回到出厂设置这个话题，我的核心出厂设置是想去影响他人，而我影响他人的具体方式就是帮人看清自己的出厂设置，知其所能、所不能，有所为，有所不为，然后让他们跟这个现实世界少一些摩擦。

逃离父母掌控，
需要策略

薛毅然　刚才说我的出厂设置是传播，我现在最想做的事情，其实是改变父母对孩子的教育方式。很多父母总觉得自己走过的路很多，有很多人生经验，难免就想给孩子支着。但是这个世界变化得太快了，父母基于过往的经验去给孩子支着、干预孩子自己的选择，很多时候是在帮倒忙。我见过太多案例，选专业、找工作时，父母干预孩子，教训很惨痛。但我也知道，这种事情改变起来，特别难。

我经常跟人讲一个我觉得很有意思的现象。现在北大、清华毕业的人如果找不到好工作，你知道他们会去干什么吗？去培训机构当老师。为什么呢？因为他们学得好啊。有的家长就觉得自己孩子的奥数老师是清华毕业的就多怎样怎样，我每次看到都特别想说："他能考上清华，不代表他能教你家孩子考上清华。"

陈舒扬　其实你想做的是告诉家长怎样才是真正对孩子好，而不是怎么上清华、北大。

薛毅然　我有一个特别深刻的体会：中国家长，越是那种自己的事业做得还不错的，越是喜欢干预孩子的选择。你想想现在即将步入或者刚刚步入社会的年轻人，也就是 90 后、00 后，他们的父母大体是在 1965 年到 1975 年这个时间出生的。这个年代的人，在自己的工作中做得不错的，无非三类：第一类，在体制内有一官半职；第二类，在大企业做中高层管理；第三类，自己开公司当老板。这三类人是不是觉得自己挺不错、挺成功的？但是，我经常说他们泛化的自大会害了孩子。他们会觉得自己走的桥比你走的路都多，你听我的就行，实际上，这样的父母有很多并不了解自己的孩子，给孩子选择一条路，可能这条路是不适合孩子的：第一，不符合社会发展趋势；第二，不符合孩子自身特点。我真的认为，那些"成功父母"泛化的自大至少害了一半孩子。

特别成功的父母，的确可以给孩子撑起一片天空，但在很大程度上也会成为孩子成长的天花板。因为父母对真实世界的认知会随着年龄增长变得固化、僵化。

但我也很难改变这件事，我就做了另外一件事，就是这些被成功父母泛化的自大害了的孩子，会出现在我这儿（来做职业咨询）。我会帮助他们进行调整，但特别特别难，因为被"吓大"的人很难生发出自主发展的勇气。

我遇到过很多这种有成功父母的孩子，他们来找我的时候，通常是工作上的问题跟家里的问题揉在一起。

比如说有一个姑娘毕业后父母在当地给她安排了不错的单位，但是她不想干，到了北京，头一两年找的几份工作都没做太久，后来好不容易进入了一家比较好的公司做运营，但是之后被裁员了。因为她一直做的是偏协调类的工作，所以没有积累专业能力，面临找下一份工作时，她就找到了我。她跟我说自己到了北京之后，父母就一直要求她回去，后来在经济上断了支持。在她没有工作的空档期，即便生活拮据，自己也不想跟父母要钱。她找到我的时候，整个人特别焦灼。

这个姑娘是父母对她的职业选择完全不认可，然后她也一直在对抗。

还有一种父母，是"我只想要你安安稳稳的"。几年前有个男生来找我做咨询，他在国外念的书，上大学的时候有比较严重的情绪困扰，好不容易把大学读完，回国后在三四家公司工作过，也觉得没意思，所以来找我。在咨询的过程中，我无意中了解到，他父母在北京给他买了一套很不错的房子，那可以想象他家庭的经济实力。但是，当时我问："你为什么没考虑回去接手自己家的产业？"他说："父亲不希望我参与，就希望我在北京有一份稳定的工作，做什么都行，挣多挣少都没关系。"

可以感觉到，这个人挺希望做点令自己更有价值感的事情，但似乎也不容易。

我也见过很支持孩子的成功父母。比如我朋友圈有个妈妈，夫妻都是很成功的企业家，他们有段时间经常在朋友圈发自己孩子在那种大商场的市集上售卖甜品的照片。可以想见那也不是能赚很多钱的工作，甚至连一份稳定的工作都不算，但是孩子的状态很好。

就像我刚才说的，我很难去影响父母，那我现在能做的就是去影响这样的孩子。我会跟这样的孩子说，如何在关系中成为主动一方，如何改变跟父母的相处模式，如何慢慢让父母看到你的成长和变化，父母也许会越来越支持你。前提是理解父母是爱自己的，只是他们不理解你的想法，对当下社会也缺少认知。其实年轻人可以用更温和的方式去影响父母，多跟他们讲一讲未来趋势上的可能性和新机会。即使当下的工作很卷、很辛苦，你也不要总是抱怨和传递负面情绪。

我认识的一个男生家境很好，工作几年后去了保险公司。在家里人看来卖保险这份工作很不稳定，也没底薪，家里人一开始也很不认可。后来这个男生的业绩做得还不错，经常跟父母讲一些健康、养老、理财方面的知识。终于有一次，父母在跟旁人聊天的时候说了一句"孩子的事情让他自己去选就好了"。他说自己听到这句话，就知道父母已经认可自己了。

作为成年人，要知道如何把自主权拿回来，不管是自己职业选择的自主权，还是跟父母关系的自主权。

#重要的话#

- 一个人的价值一定是在跟别人交换的过程中产生的。我做的事有价值，一定是因为我在这个世界上跟别人产生了交换。只不过，这个价值不一定是用钱来衡量的，这个事情不一定能跟自己的工作结合在一起。

- 不管你对一家公司抱有什么希望，你入职之后大概率都会失望。员工入职之后，失望的程度大概率跟这家公司的文化关系不大，跟他待的部门关系更大。如果你真的想知道未来你可能加入的这个团队是种什么样的氛围，其实你在面试的时候应该跟你未来的直属领导多交流，多问一问他们现在在做什么，都是怎么做的。

- 在公司里面一定会有冲突出现，"老好人"不愿意去面对这种冲突，往往选择忍耐和退缩，甚至有的时候就是在和稀泥。但从用人的角度来看，尤其是在一些比较关键的岗位上，其实需要一个人坚守立场、勇于面对冲突和问题，能够分析、解决问题，而不是单纯维护关系。

- 中国家长，越是那种自己的事业做得还不错的，越是喜欢干预孩子的选择。我很想对某些家长说："你们泛化的自大会害了孩子。"他们会觉得自己走的桥比你走的路都多，你听我的就行，实际上，这样的父母很多并不了解自己的孩子，给孩子选择一条路，可能这条路是不适合孩子的：第一，不符合社会发展趋势；第二，不符合孩子自身特点。

　　　　　　　　　　　　　　　　　　　　职场真话

职场真话 3

工作有很多种，
说到底分两大类

本章讨论的话题：

最简单的职业定位方法

给报学校、报专业的高中生的建议

什么会影响一个人在职场上能够到达的层级

专业型人才和管理型人才的本质区别

"专业人员"如何在职场上不吃亏

本章案例：

30岁跨城市转行：从市场经理变成插画师

40岁选择离开大型外企的技术人员转型成为演讲教练

从上大学到找工作都被父亲安排的男生

不喜欢带团队、用自己的方式把大团队带起来的保险销售

爱好当职业，
有人行，有人不行

陈舒扬　为什么很多人说不知道自己到底喜欢做什么、想做
什么？

薛毅然　首先要明白，我们喜欢和擅长的事情跟社会分工之
间，并不存在很明确的对应关系。

举一个最简单的例子，一个小伙子喜欢画画，然后去参加艺
考，学了与设计有关的专业，毕业之后他最有可能获得工作机会
的就业方向，一个是做设计师，另一个是做培训机构的美术老
师。他很享受画画这个过程，但真的去做设计师，当甲方虐你
千百遍的时候，最后做出来的那张设计图，可能自己看了都想

吐。他去当美术老师的话，就是天天跟学生打交道。如果是教艺考生，就是告诉他们怎么画能够拿高分；如果是教小孩子，教创意美术之类的，那就要不断去调动孩子的积极性。如果他是一个不太愿意跟人打交道的人，就算再喜欢画画，也可能不喜欢这份工作。

一个人发现自己喜欢画画，很简单，但是画画本身不是工作。

我觉得可以这么说，定位自己最不适合的工作类型是比较容易的，使用霍兰德职业倾向测试就可以。但你说一个人适合干什么工作，就不好说。

还是以我自己为例，我在本科、研究生时都学了经济学，有很多同学在做跟财务、审计有关的工作。读研究生的时候，我也跟着同学一块儿考 CPA（注册会计师），当时也没有做职业测评，更多是出于直觉，我觉得自己不喜欢做财务工作，再加上当时某个朋友的一句话，她说："毅然，你可以试试做人力资源的工作。"因为读研究生期间我也在广告公司做过用户研究，所以找工作的时候我就投了市场营销类和人力资源类的岗位，后来选了人力资源。如果我当时选择了市场营销类的岗位，我相信自己也能做得很好，都比我做财务工作好。但是你说做人力资源工作最适合我吗？不一定。

陈舒扬　所以是不是可以说职业选择从爱好出发是有问题的？对还没有进入职场的人，比方说高中生，在选专业、报志愿的时候，他可能会选一个自己喜欢学的，但从专业到职业还是有很大差别的。所以是不是从一开始，要问的不是"我喜欢学什么"，而是"我以后更可能去干什么"？你说过所有的工作，说简单点就分两类，一类是跟人打交道，一类是跟事打交道。

薛毅然 神奇的是曾有人跟我说："因为我很喜欢我们的化学老师，然后我就学了化工，然而学了之后发现这个专业好枯燥呀，就业好难啊。"

我觉得的确可以回到那个最简单的分类：一个人是适合去研究事，还是适合去跟人打交道。

举一个例子，我有一个朋友，孩子马上要参加高考，他来咨询我的意见，跟我描述了孩子的一些特点：这个孩子特别喜欢骑自行车，还加入了本地的车队，车友有二三十岁的，也有四五十岁的，他一个高中生能跟他们坐在一张桌子上吃饭、聊天；这个孩子想改装一辆自行车，能跟当地很多车行的老板去聊、去想办法；还有这个孩子学习不太好。我就跟朋友说："你们家孩子呀，你别指望他在学业上有什么成就，或者去做什么研究，他特别适合混社会。所以你让他学个市场营销啊、工商管理啊，都行。你让他在本科期间就不断去实习、去混社会。"这样的孩子，假设他在大学学的是化工专业，说句不太好听的话，他可能会挂很多科。因为我们知道这种专业的考试难度和市场营销的考试难度是不一样的。可能会有很多人说市场营销、工商管理这些东西太泛泛了，学了也不好就业，总觉得要学个专业技术才好，但问题是对于这样的孩子，学理工科就一定更好就业吗？

另外，在我看来，高考之后选城市、选学校的重要性要高于选专业。

面对专业，很多人是没的选，但没的选也可以考虑不按专业找工作啊。比方说我的外甥女，她的高考成绩很一般，来北京读大学的话，只有中国劳动关系学院和北京服装学院可以选。因为我也鼓励她来北京，所以她就选了北京服装学院。她念书也很上进，在本科修了信息工程和服装设计工程的双学位，并且考上了服装数字化专业的研究生。那她现在面临找工作，如果找非常对口的工作，就要到大的服装企业里去做服装工艺工作，但在北京，大的服装企业实际上是偏少的。而且服装数字化专业偏前沿，她想找完全对口的工作特别难。那她也有可能不去找非常对口的，比如先在大型服装企业里找一份工作，市场策划这一类都行。但是我们要知道，服装是一个非常传统的行业，那些大的服装企业都在特别偏的地方，那她去这样的地方做市场策划，还不如去贝壳、美团这种处于成长期的互联网公司做运营一类的岗位，不管是起薪还是未来成长空间都会更好，那她找工作时何必一定要考虑专业是否对口呢？

所以我的主张就是，如果高考分数高，你就去上好学校。好城市的好学校，一方面在本科时有转专业的机会，另一方面在考研时有再次转专业的机会。即使不考研，在大三实习的时候，你也完全可以扔掉专业去做自己感兴趣的事情。而且，大城市机会多，有时候你在一家比较好的公司实习，就是你进入这个行业的敲门砖。而且我们知道公司招实习生不像招聘正式员工，说白了实习生干的就是最基础的活儿，专业背景之类的根本不重要，可能有个熟人介绍就能去了。

有一定社会阅历后，
才知道自己真的想要什么

陈舒扬　学生时代的兴趣和职业兴趣、职业定位之间，还是有挺大差别的。那是不是对很多人来说，有了足够丰富的职业经历之后才慢慢知道自己适合做什么？

小E，30岁，

市场经理，

想跨城市转行做插画师。

薛毅然　工作比较久之后才找到自己想做的事情，这样的情况的确不少，讲两个令我印象比较深的案例。

　　曾经有一个外地的女生来找我，她在一家 IT 公司做测试工程师，想来北京工作，情况是已婚未育。她这种情况想在北京找一份比较理想的工作还是有难度的，但她为什么想来北京工作呢？原因在她先生。她先生小 E 本来在本地一家公司做市场经理，从小就很喜欢画画，30 岁的时候便下了决心要改行做插画师，于是先来北京报了一个插画培训班，打算先画出一些作品，然后在北京找工作。因为插画师这个职业，在北京的工作机会更多。这个女生和小 E 后来有没有在北京找到工作，我没有去了解，一般人听起来会觉得，这种转型的成本很大，很少有人下得了这个决心。但换个角度想，这两口子都是独生子女，家里的条件也不差，他们俩也不属于那种花钱大手大脚的人，工作这么多年，手里也有一定的存款；而且夫妻感情很好，女生愿意支持自己的先生花一年时间去投资自己，去做新的尝试。

F女士，42岁，

在外企技术岗工作10多年，

转行做成长教练。

40 多岁转型的例子也有。我见过一位女士，她是 20 世纪 70 年代末出生的，本硕就读于某"985"院校的计算机专业。这个背景在当时算很不错了，所以毕业之后她就进了诺基亚公司，待到诺基亚跟西门子合并，她做的一直是技术类的工作。外企会有那种叫"头马俱乐部"的组织，其实就是演讲俱乐部，她特别喜欢参加这个俱乐部的活动，尤其是给新人做辅导，比做本职工作还让她享受。几年前西门子公司进行人员优化，也就是差不多在她40岁的时候，她拿了一笔不错的补偿金离开了。离开之后，她想转行去做培训，就问我怎么转，当时我跟她讲："你42岁了，而且你没有真的干过培训，如果甲方公司人力资源部招培训经理或者培训主管，不是你说自己给别人讲过课就可以的，你要熟悉如何搭建整个培训体系，包括岗位的人才素质模型、领导力发展等，而且需要你有项目管理的经验。你想转去做培训真的特别难。"后来，过了一段时间，我在朋友圈里看到她开始学一些成长教练的课程，然后做一对一的教练辅导，这也是对她过往比较丰富的大型组织工作经历的复用。虽然我不确定她现在的收入，但是我觉得她至少干了自己喜欢的事情。我还挺佩服她的。

那些对目前的工作内容不满意的客户，我经常会问他们一个问题："不管你在哪家公司，假设你想去公司的任何部门、任何岗位都可以，你会去哪儿？"当我这样去问的时候，有些人会说自己没有想去的，那我就说："如果你每个都不想去，那你就是不适合工作，你喜欢的是吃喝玩乐，是体验、享受，那些不叫工作。"

陈舒扬　我觉得不论是30岁从市场经理转行做插画师的小E，还是40多岁从做技术岗位转做成长教练的F女士，他们应该找到了自己的激情所在，才有动力、能下决心去做彻底的转型。

职业成长中，内驱力很重要，责任感也重要

陈舒扬　我想到另一个概念——内驱力。我听不止一个人说过，一个人的内驱力，在很大程度上决定了他在职场上能够达到的高度。

薛毅然　内驱力这个概念，说起来也很大。

我看过一篇文章，某个研究团队做了一项针对年轻人择业的调查，发现很多调查对象都背离了父母对自己的安排，从事那些在传统观念里不稳定、不正经的工作。但调查对象认可自己从事的工作的价值，也不以收入和名声为职业追求。我印象最深的是，那篇文章提到，这不仅发生在家境富裕的孩子身上，也发生在家庭条件一般、父母并不能为其提供充分的经济支持的孩子身上。

为什么我首先想到这个呢？因为对于我们这一代人（或者比我年纪更大的人）来说，我可以特别直白地说，生存焦虑真的是很重要的内驱力。比如说我从小生活在三线城市，用那个时候的话说是出生于双职工家庭，也就是父母都是有正式工作的技术人员。我小的时候不能说生活有多富裕，但是家里也没有为钱发过愁。从某种意义上讲，我们这种家庭出身的孩子对于金钱的焦虑、恐慌、欲望不太强烈，但是我身边的同龄人，那些家庭条件

不好的，比如说只有父亲有正式工作，母亲可能是家庭妇女，或者父母都是从农村过来的，只能做点小生意，像这样的一些人，他们的生存焦虑是从小就有的，所以他们很早就会琢磨怎么去挣钱。

从这一点来说，现在年轻人的内驱力好像变弱了，原因可能就是生活变好了。

我想起一个笑话。我有一个朋友，她是 20 世纪 60 年代生人，孩子是 95 后，她跟女儿说："我和你舅舅小的时候是两个人分一块糖。"她女儿就说："你们怎么那么馋呢？"

这个事有意思的地方就在于，孩子之所以会说"你们怎么那么馋呢"，是因为她完全没有吃不饱的体验。她觉得兄弟姊妹分一块糖是因为馋，或者是在闹着玩，而不是因为真的只有一块糖。

再比如说，在过去有一句话叫"半大小子吃死老子"，是说男孩子在十几岁长身体的时候特别能吃。现在我们为什么对这一点体会不深了？是因为过去的饮食不像现在有那么多油和肉，男孩子一定要吃很多才能吃饱。

生活好了，对物质的需求没那么迫切，可能让人的内驱力变弱了。但也不都是这样，依然有很多人有生存焦虑。比如说我知道一家做在线教育的互联网创业公司，公司的销售——也就是在社群里劝你买课，你买了他能拿提成的运营人员——每天中午开会都要喊口号，口号是成为家里的"富一代"。真的是每天喊口号，非常"鸡血"。更有意思的是，这家公司把自己的社群运营团队搬到了外地，一个据说最开始连美团外卖都送不到的地方，对外宣传口号是挣一线城市的工资，享受二、三线城市的生活品质，帮助你更快地成为家里的"富一代"。我见过这家公司的人在朋友圈晒工资条，的确有人一个月拿 7 万元。

金钱欲望强烈的人，不管在什么时代，一定有。

除了对金钱的焦虑和欲望，还有一类人，他们会把金钱或者升职加薪，等同于从小到大的学校考试排名。因为他们需要被关注、被认可，所以也会一直努力地往上爬。不过我觉得现在的年轻人开始对排名产生了一种抗拒，他们可能更追求个性，关注自己要怎样，而不是你要我怎样，会活得比较自我。

金钱和排名带来的这两种内驱力，我觉得都可以叫作"小我内驱力"。比如我之前跟你提到的小 A，她特别努力地成为顶级销售员，我觉得除了有生存焦虑，她身上就有那种"只要有排名，我就一定要胜出"的劲儿。

还有一些人的内驱力是更大的社会理想，他们想通过做一些事情去改变一些东西，我就把这种叫作"大我内驱力"。这样的人也是不少的。

陈舒扬　现在的年轻人好像普遍内驱力不足，流行"佛系"，这会不会是一种习得性无助？

薛毅然　我觉得不一定，佛系也分主动佛系和被动佛系。

主动佛系的人是天生不需要太多东西也可以过得挺满意的。

按照某些心理学流派的观点来说，就是一个人的原生家庭比较好，或者在成长中较少出现匮乏感。但我个人觉得，欲望大小更像天生的，跟原生家庭的关系不大，有的人就是天生欲求没那么多。

小G，28岁，

专业、工作选择都被强势父亲决定，

整个人习得性无助。

但还有一种，就是被动佛系。这是说在一个人从小到大的成长过程中，他每一次努力都没有得到正反馈，或者说需求被打压。比如说我曾经辅导过的一个男生小 G，他父母都非常能干，尤其是他爸爸，很强势，小 G 更像他妈妈，性格比较温和，没有什么棱角。他爸爸总觉得这个孩子比较内向、胆子小，所以在孩子小的时候总会批评他。后来呢，小 G 高考的时候本来想报师范专业，他自己很想当老师，但他爸爸生生逼着他选了一个工科专业。他上大学时对本专业不是特别感兴趣，但也能学。他就是那种比较乖的男生。毕业之后，他去了他爸爸所在的大企业工作。他爸爸在这家大企业里边也是那种有话语权的人。工作之后，他有一段时间特别想转到宣传策划岗，但他爸爸很反对。因为一般来说大家会觉得这份工作适合女生，也没有什么发展。他来找我的时候说："我是不是这辈子就这样了，没救了？"他身上就有一种非常无奈的佛系，他没有主动选择权，这可能就像你说的习得性无助。

遇到这样的来访者，我更多是想办法帮他找到工作之外的兴趣、爱好，做一些自己觉得有价值、有意义的事情，找到自己内在的力量感。当这种力量感"生长"出来，可能他在工作中也有能量做出一些改变。

陈舒扬　有的时候，内驱力约等于能量。从这个意义上来说，你觉得一个人在职场上能够达到的层级，是跟内驱力／能量大小有关系，还是跟运气有关系？

薛毅然　内驱力当然很重要。比如说一家公司招了10名应届毕业生，如果是我们这种专业的面试官或者人才测评顾问，一眼就能看出来谁的内驱力更强，谁的内驱力弱一些。如果去追踪这样的人，比如说他们3年后、5年后、10年后的变化，我们一定会看到那个内驱力更强的人是想各种办法在折腾，但是他能不能折腾得起来，还是要打一个问号的。因为光靠折腾是不够的，一个人能否成事，涉及的因素有很多。

我想起一个例子，一个女生在一家教育培训公司做偏行政类的支持性工作。她这个人的内驱力是很强的，她就觉得这份工作没法满足自己。其实她也有机会从支持性岗位转到核心的岗位，因为公司内部的管理者比较认可她，但她自己待不住，非要辞职去创业。但是创业之后没有做起来，跟合伙人的想法也不一致，她就又去找工作了。而她当初在的那家公司其实发展得挺好，如果她不离开，说不定已经是一个校区的负责人了。

再举个例子，我们都认识的 C，他在互联网公司做运营，你看他工作努力吧，你说他是一个内驱力强的人吗？

陈舒扬　C 人好，别人让他做什么他就去做。

薛毅然　没错，有的时候一个人努力工作，只是因为责任感比较强。他觉得自己被需要，并不代表他自己很想做那件事。我们看到 C 那么努力地工作，好像是一个内驱力很强的人，但他其实是被裹挟在那个轨道上。他努力把一件事情做好，是基于他做人的责任感，或者说他很在意别人对自己的评价，他是被一件一件事情推着往前走。

这种人也很典型。我在上海做项目的时候，对方老板就跟我说自己的苦恼。他说手下的员工对组织的认同度很高，工作非常投入，也认真负责，但是他们没有那种自主性，一旦需要创新、需要提出自己的想法、需要推动自己的想法去执行的时候，他们就不行了。

我们也可以说这样的人比较没有自我，他们是社会分工中真实的"工具人"。你说他们是为了钱吗？好像是得有一份收入，对吧？但真的是为了钱吗？也不是，他们就是在那个轨道里运行。

但是，如果他们赶上的是一家正在快速发展的公司，那他们很有可能被推动着，也会发展得不错。

所以，你说内驱力是不是决定了一个人能走多远，这要看情况——看一个人能不能抓住机会，或者运气好不好。

假设工作就分两种，
你适合哪一种？

陈舒扬　关于之前说到的最简单的职业定位两分法——适合研究事情还是适合跟人打交道，这是出厂设置吗？

薛毅然　或者这么说，人大致可以分成三大类。

有一类人天生就倾向于专业路线，比如我们经常会看到有些人很倔、爱钻牛角尖，也不太会来事儿，包括跟别人说话是比较直来直去的，在专业问题上得理不饶人，有的时候还会顶撞上司。这些人一般就是那种不愿意在人际交往上花费时间的人。

我就拿我爸举例子，他是特别典型的专业技术人员，一直在国企里工作。我跟你说几件他特别引以为豪的事情，你就大概知道他是一个什么样的人。第一件事情，他当年作为质量管理专家经常出差，会参加一些合作企业的饭局，他特别引以为豪的就是在这种酒桌上，他可以做到滴酒不沾。他是怎么做到的呢？如果别人让他喝杯酒，他会跟人家说："不行，我不能饿着肚子喝酒，我要先吃。"他就开始吃东西，后来人家也就不逼着他喝酒了。他每次跟人说到这件事都特别骄傲。第二件事，单位要写什么报告，别人写完之后领导看了不行，就得找他重新写，领导就特别满意他写的，所以单位领导都会特别哄着他。

其实看一个人会为什么事情感到特别自豪，就很能说明问题了。

还有一类人是天生喜欢张罗事儿，会安排别人干活。这样的人上中学也好，上大学也好，可能更愿意参与一些社团活动或者当一个小领导，能够跟学校的领导、老师打成一片。这样的人天生喜欢做需要搞定人的事。

第三类人呢，就是专业工作也还行，在人际交往上呢，虽然没有那么八面玲珑，但是也不差。

小I，保险人，

个人业绩好，不愿意管人，

但管理了一个一二百人的团队。

我讲一个例子，小I是做保险的，特点是有个人英雄主义，就是她不愿意管人，也特别挑人。她做保险工作时，自己的业绩很好，但是我们知道保险公司里每一个人的收入是跟个人业绩和团队业绩挂钩的。如果只做个人业绩，团队规模就上不去，其实她挺吃亏的。但是她现在的团队规模也不小，有一二百人，而且没有一个内勤，这是很少见的。因为保险公司团队一旦壮大之后都需要内勤去打理内部的事情。小 I 是怎么做到的呢？她有三四个关系不错、综合能力很强的合伙人，她就让他们去管下面的员工，她平时只对接这三四个人。对产品的解读、对营销技能的培训，她有非常独到的见解，有时候她更像一个"专家"，同时她的伙伴们又非常认同她。所以，小 I 虽然自己不喜欢带团队，但是她能找到一种方式让团队运转下去。

陈舒扬　销售工作也是跟人打交道，但这种跟人打交道的工作与那种带团队的工作还是不一样的。

薛毅然　是的。区别在哪儿？就是如果一个人去做销售，那他首先要对自己有很明确的要求，就是拿下这个单子。为了拿下单子，有时是要求他能屈能伸的。

　　但是在带团队的过程中，一个人在很多时候是要去包容别人的。这种包容跟面对客户的那种能屈能伸还是很不一样的。

陈舒扬　所以专业型人才其实不是说会某项专业技术，而是说能够解决一件具体的事情。而所谓的管理型人才，要求人际方面的敏感度更高？

薛毅然　有的时候，不仅是对人际敏感度有要求，还要有政治敏感度。因为管理不仅是管下面的人，还会涉及跨部门的沟通、协调，有一句话叫"管理者的心胸是被委屈撑大的"。管理工作对一个人的综合能力有很高的要求，有些人真的是天生没有这根筋，还有一些人是天生很反感、很抗拒这类事儿。

从个人职业发展的角度来说，管理是一种杠杆，你个人再牛、专业能力再强，一个人每天也只有24小时。如果你带团队、培养下属的能力非常强，那你创造的价值就会更大，在价值分配中也可以获得更多。

陈舒扬　说到创造价值，我想起另外一个话题。之前开玩笑说写代码利索的程序员，公司很快会不需要他，但代码写得烂的程序员，公司会离不开他。这个段子让我联想到：职场上提高效率的贡献常常是隐性的、没被看到的。那是不是说专业人员创造的价值在很多时候被低估了？

薛毅然　我记得硕士毕业后工作没多长时间，我认识了一位前辈，他说："光干不说是傻把式，光说不干是假把式，会说又会干才是真把式。"60后或者70后听到这句话，应该不会觉得陌生。

但是现在的年轻人好像跟那一代人确实不太一样，可能跟现在以互联网为中心的工作方式、交互方式有关。每个人，哪怕是坐在一起的同事，都是在即时通信工具上交流的。交流变得不那么直接。在这个过程中会出现一种情况，就是很多人会有所谓的社交恐惧，或多或少地变得在办公室里不太爱说话。

然后会出现一个很有意思的现象，即很多人觉得自己干了多少、干得好不好，上司应该知道。

但是事实不是这样的。你干了什么、干到什么样子、怎么干的，其实没有人知道。因为大家都太忙了，没有人主动去看你的工作。即使公司使用了 OKR[1]，有定期的周报和绩效评估，但有些人擅长把工作总结写得很漂亮，也有些人把工作干干巴巴地凝练成一两句话带过，写成文字的工作内容很容易被忽略。

所以啊，想要在职场中得到更好的发展，不是逼你成天去表现自己，而是你真的要除了能干，还会说。在一些汇报工作的关键场合，你一定要有所表达，包括自己做了什么、可以拿出来分享的可圈可点的事情。

还有一点，会挑活儿也很重要。我们肯定有很多例行工作，不出错是必须的，但也没有人会关心你的例行工作做得多么出色，所以有时候你就要学会挑活儿。比如在参与公司级的重要项目的时候，你能快速解决一些疑难问题，才更有可能刷出存在感。

还是那个道理，你想要别人知道你的价值，就要去主动展现，而不是等着被发现。

---

1 目标与关键成果法，是一套明确和跟踪目标及其完成情况的管理工具和方法。——编者注

#重要的话#

- 如果高考分数高，你就去上好学校。好城市的好学校，一方面在本科时有转专业的机会，另一方面在考研时有再次转专业的机会。即使不考研，在大三实习的时候，你也完全可以扔掉专业去做自己感兴趣的事情。大城市机会多，有时候你在一家比较好的公司实习，就是你进入这个行业的敲门砖。

- 那些对目前的工作内容不满意的客户，我经常会问他们一个问题："不管你在哪家公司，假设你想去公司的任何部门、任何岗位都可以，你会去哪儿？"当我这样问的时候，有些人会说自己没有想去的，那我就说："如果你每个都不想去，那你就是不适合工作，你喜欢的是吃喝玩乐，是体验、享受，那些不叫工作。"

- 在带团队的过程中，一个人很多时候是要去包容别人的，需要的不仅是人际敏感度，还要有政治敏感度。因为管理不仅是管下面的人，还会涉及跨部门的沟通、协调，有一句话叫"管理者的心胸是被委屈撑大的"。

- 管理是一种杠杆，你个人再牛、专业能力再强，一个人每天也只有24小时。如果你带团队、培养下属的能力非常强，那你创造的价值就会更大，在价值分配中也可以获得更多。

- 你干了什么、干到什么样子、怎么干的，其实没有人知道。因为大家都太忙了，没有人主动去看你的工作。所以啊，想要在职场中得到更好的发展，你真的要除了能干，还会说。你想要别人知道你的价值，你就要去主动展现，而不是等着被发现。

- 会挑活儿也很重要。我们肯定有很多例行工作，不出错是必须的，但也没有人会关心你的例行工作做得多么出色，所以有时候你就要学会挑活儿。比如参与公司级的重要项目，这样才更有可能刷出存在感。

职场真话 4

太乖的人，
不容易开心

本章讨论的话题：

职业满意度很高的人是什么样子

人跟工作的关系有三种

真正的专业主义是什么

为什么很多人讨厌"工作狂"

选职业时普遍存在的五种偏见

不被主流价值观裹挟的人是什么样子的

本章案例：

积极乐观的保险代理人

精力旺盛、追求极致、想要做到行业最好的猎头公司创始人

不想继续编"皇帝的新衣"的中台部门负责人

担心落伍、想转去互联网公司的传统行业销售

职业目标是"成为大企业中高层管理人员"的国企技术人员

勇敢告别体制内工作，虽辛苦但自洽的"自由意志"典型

有点佛系但又怕自己在"混吃等死"的男生

享受工作的人，
要么积极，要么自我

陈舒扬　你见过的对自己的工作很满意的人是什么样的？你觉得享受和热爱自己工作的人多吗？

薛毅然　听到这个问题，我就想到了自己。

这几年，来找我做职业咨询的有 2000 多人。但我的样本范围是有问题的，因为一般是对自己工作不满意的人才来找我做咨询，所以我见到的肯定大多是不享受自己工作的。

LY，天性积极乐观，

做7年全职妈妈后从事保险工作，

业绩超好。

　　但我也的确会想到自己认识的一些人。一个是 LY，她一路是学霸，第一份工作去了一家公益基金会，结婚后当了全职妈妈；在当全职妈妈的过程中又考上了全日制研究生；在做了 7 年的全职妈妈之后，她又去了保险公司，不到两年的时间带了几十人的团队，业绩也很好。我们知道很多保险代理人会在微信朋友圈呈现出非常积极的状态，这其实更多是一种公关手段，但是 LY 不一样。因为我们是比较熟的朋友，所以我知道她是真的特别享受工作。她跟我说过一件令自己非常自豪的事，她今年争取到的客户，除了一个是老熟人，其他都是已经成交的客户介绍过来的新客户。我们知道很多保险代理人是从身边认识的人开始做业务的，也就是向亲戚朋友推销保险，但能做到 LY 这样，对一个保险代理人来说是非常有成就感和职业荣誉感的。

　　说到这儿，我又在想 LY 这个人好像就是个做什么都会很开心的人，那她是因为做这份工作开心还是她干什么都会开心？

寺主人，

"女神进化论" 主理人，

随性、乐观。

我想到的另一个人是自媒体"女神进化论"的主理人寺主人，我们也认识。她之前是做产品设计的，在诺基亚和微软都待过，后来微软大规模裁员的时候，她算是主动拿补偿金离开的，中间做过智能手表的创业，后来在知乎上回答一些有关化妆的问题。从这个时候开始，她一点点做起了自己的自媒体品牌。现在公司运行得很不错，而且无固定的办公地点，大家只要把工作任务完成就可以，属于一种"自由＋自律"的组织氛围。她本人这两年也在云南生活，每次看她发的朋友圈，我都会忍不住向往那种生活状态！

她也是工作状态特别好的一个人。我觉得她身上至少有两个特点，一个是很随性，没那么多"限制性信念"。她是那种不会乖乖待在一个跑道中的人，一直在折腾做新事情，她最近又在学线上的心理学硕士课程。对她未来的工作与生活，我也有很多期待！另一个是特别乐观，她和我讲过一些小时候的故事，换了其他人，那一定是"童年创伤"，但她都是当笑话讲给我听的。我想也许会有创伤，但是她能用这样的方式化解，也是很赞的！人呀，要想活得自在一些，就要和过去和解，也要对未来充满希望和期待！对了，据说她能快速认识陌生人，跟人家交上朋友，在路上逛街认识的人都能成为她的朋友！

所以，根据我有限的样本范围，我得出的结论是：有两种特质的人比较容易享受自己的工作，一种是天生积极情绪特别高，这种人可能做什么都比较容易开心；还有一种是天生不那么"乖"，容易活出自我的人。

"乖"这个字背后，有点忍辱负重的感觉。因为"乖"往往意味着一个人要压抑自己，要委曲求全，要满足环境对自己的期待，要完成岗位给自己的任务，等等。有的时候，"乖"也意味着一个人不敢去说出自己的需求。

其实还有第三种人，我称为处在"安全模式"的人。比如说在一个大的组织平台或稳健的机构里面，做自己的事。我的一个学员曾经跟我描绘，她老公就是一个普通的写代码的人，但是她特别羡慕他，说他的状态特别稳定，上班就是在那儿戴着耳机敲代码，需要加班就加班，如果没有加班，他回到家里可能陪孩子玩一会儿，可能再去打会儿游戏，你让他去干点儿什么家务，他也会去做。她总问老公："你不焦虑吗？"她老公说："焦虑啥呢？"

这样的人，他对工作的满意度未必有多高，但是至少没有不满意。他们就是做着自己的事情，没有那么多想法，工作也在自己的能力范围内，没有太大压力，外部的评价也还不错，工作和家庭也平衡得比较好。

"工作狂"，不一定真正爱工作

陈舒扬　　你觉得"工作狂"就是很享受工作的人吗？

薛毅然　　不一定。"工作狂"分两种，要看他是被喜悦驱动的还是被恐惧驱动的。很多"工作狂"是不敢停下来，或者很在意外部评价才卖力工作。

从人跟工作的关系来看，我觉得人可以分成三种，第一种是发起事的人，这种人一般天生是个爱折腾的，就算没事也要折腾出一些事，不折腾就难受；第二种是在这个场域里头容易被影响的人，一般兢兢业业的员工就是这种；第三种是有自己的节奏的人。

其实我很佩服最后一种人，就是特别有自己的节奏、不会被外界影响的人。这样的人如果做盖洛普测评，基本上"适应""体谅""追求""成就"这些才干不会排得很靠前。

我们老说内卷，有的人就是更容易被"卷"进去，而有些人就是比较我行我素、有自己的节奏。但是后者，可能不多。

说到"工作狂"，我脑海中立马浮现一个人。

小J，

金融行业猎头公司创始人，

精力旺盛，生活、工作节奏快，有超强内驱力。

小 J 是一家金融行业猎头公司的创始人，我们是经朋友介绍认识的，见过不止一次，有过一次比较深入的聊天。这个人身上有几个令我印象很深的点：首先，她的精力超级旺盛，人特别瘦，我发现很多精力超级旺盛的人都很瘦；其次，她的节奏特别快，说话、走路、思考都特别快；最后，她想干出点事情的意愿也非常强，想要在这个行业里头做出不一样的东西。这家公司的猎头跟其他公司的不太一样，他们不仅把行业里的人搞得很清楚，还把各种业务搞得很清楚。她跟我说公司的目标是要把自己的顾问培养成专业性很强、能够跟客户进行专业对话的人，所以公司的内部培训、晋级都非常严格。

一般来说，那些我们看到的"工作狂"，想要成功的内在动机是一定有的，但光追求外在的成功还不够。我觉得真正的"工作狂"做事情时往往会追求极致，就像小 J，她对自己公司的顾问的专业要求，就是追求极致的表现。

做事追求极致的人，从某种意义上来说，他们已经从工作中找到了乐趣。如果一个人工作起来没有乐趣，全靠苦哈哈地坚

职场真话

持，那能坚持多久？他们一定是在工作里头找到了一个能够自洽的正反馈机制。

陈舒扬　说到追求极致，你经常用的另一个词是"专业主义"。

薛毅然　千万不要以为专业主义就是找到一件事情，然后扎下去做。很多人来找我时会说："薛老师，我想找到一个自己特别喜欢的职业，然后扎下去。"遇到这种情况，我特别想跟对方说："你信中医吗？要不你去学中医吧。"当然这是玩笑话。我们之前说过在职场无非两种路线——专业路线和管理路线，有的人会说自己就想成为一个专业人士，有一技之长，然后就感觉自己安全了。但这个社会变化太快了，在我父母那个年代，一说什么九级钳工，好像是不可代替的。但在现在的互联网公司，你就是做到了技术总监、产品总监，你敢说自己是不可代替的吗？

　　举一个我自己的例子，我觉得可以用"一专多能"来形容我，不管是给企业做人力资源咨询，还是给个人做职业辅导，"一专"是我对人的理解和判断，那"多能"是什么？是你跟我谈产品、谈业务布局、谈品牌怎么做、谈流量增长，甚至是谈供应链管理，我都能跟你聊。

　　把一件事做到足够好、足够专业，让别人认可你的专业价值，到底是靠什么呢？我觉得是你永远想着怎么把事情本身做好，为了把它做好，你可能要广泛地摄取知识、不断地学习。

　　但是，我觉得很多年轻人不太有这种所谓专业的精神。有的年轻人是没见过这种有专业精神的人，有的年轻人是他身边的人都是一个水平的，都是普通"搬砖"的。所以我经常建议一些人多去找自己这个领域的人交流，可能你就会知道高手是什么样子的。

还有个原因，就是现在很多人被"泛化的焦虑"裹挟，总是想着自己是不是要跳槽、要转行、怎么进入一个更快的跑道，而不是想着怎么把某一件事做得更优秀。

陈舒扬　说回"工作狂"，也就是被喜悦驱动的那种，其实也挺幸福的。我觉得还有一种情况：想干事，但力气没处使。

薛毅然　说到这个，我想到一个案例。

小K，为人直接，

大公司中台，

突然发现工作只是在编织"皇帝的新衣"。

小 K 在一家大公司工作，所在部门属于中台专业支持部门，为一线部门提供信息系统。比方说一线的员工为客户提供了某些增值服务之后，给业绩带来了多大的提升，一线部门就需要在这个系统上填各种数据。小 K 工作前两个月的时候，她的主管领导就给上面的领导做了一个看起来特别"漂亮"的系统，主管领导不久就跳槽了，等她接手的时候发现，这个东西其实就是大家描绘业绩的一幅"画"，其他人每天填的数据都是为了把这幅"画"变好看，各种统计口径都是为了把数据弄得好看。

小 K 恰好是那种很直接的人，她就把自己的困惑说了出来。然后她发现其实所有人都明白，只是没人站出来说这件事情不对，点出做这件事情根本没意义。也就是说这个部门十几号人就这么互相糊弄，一起编一件"皇帝的新衣"。

小 K 找到我的时候说自己实在干不下去了，而且也担心这个"锅"到时候要她来背。

这种情况在大公司很常见，因为公司大到一定阶段，有些小团队会喜欢"描眉画眼"，让工作成果变得更漂亮，好去争取更多的资源。

所以在大公司里头，如果不去想那么多，人反而会轻松很多。也就是说，你让我做，我就去做，但不是我的事情，我不去想。

我还认识一个女生，工作六年换了三份工作，而且总体来说她在工作中的外部评价都很好，但是她说："我能够尽职尽责地完成那份工作的要求，绩效考核也不错，老板对我也很满意，但我就是找不到这份工作的价值感和意义感。"

陈舒扬　我觉得正常人还是希望从自己干的事情中看到实实在在的价值和意义，而不只是糊弄。但这个世界上，好像没那么多有价值感的工作。

薛毅然　一个人如果明确知道自己是一个想干事的人，那选工作的时候就要多从这个角度来考虑，知道什么样的组织平台适合自己。

工作、生活界限模糊是事实，关键看你能接受的程度

陈舒扬　我感觉现在大部分年轻人拒绝"工作狂"文化，反感那些工作很努力的人，有些人在找工作的时候会期待（甚至明确提出要求）工作和生活要界限分明，包括准点下班、下班不工作等。

　　但想实现太难了，一方面是在互联网公司工作想达到这种状态不太可能，另一方面是现在大家工作都用微信、钉钉，打开手机就是各种工作群，工作时间和非工作时间的界限变得特别模糊。

薛毅然　其实我们回想，比如说在 20 世纪 80 年代、90 年代，我父母在那种大的厂矿企业工作，那个时候的工作和生活分得很开吗？那时候没有微信，也没有手机，但是老张家住在哪儿，整

个车间的人都知道。如果单位有什么事儿，需要把老张找来，大家骑个自行车就去敲他家门了。再比如说我婆婆是老师，她就住在学校，学生有问题就会直接敲门来找。

所以关于工作和生活要分开这件事情，我觉得它本身不是重点。

我记得在咨询公司的时候，我的一个客户跟德国公司合作项目，有一次我陪客户一起跟对方老板开会，客户提出产品研发的速度太慢了，如果不能更快，就没有办法拿到国内的一些单子。当时他就是想给外国人施压，加快产品的研发进程。我记得那个德国公司的老板看着我们笑了，说："你是说让我们的技术人员加班吗？"

很明显，这是反问，意思是这是不可能的。但是在中国，加班不是很正常的吗？

我觉得在中国文化中，没有工作和生活一定要分得多开。以前，要是你下班后被领导、同事叫过去，你可能会觉得自己很重要，自己被需要。但问题是，现在高频的"996"工作制、高频的加班，手机24小时待机以及微信的存在让老板触达员工变得太便捷、太没有难度了！这就使得工作对生活的侵入变本加厉。比如说很多老板会在晚上11点发消息提醒每个人，再比如很多在互联网公司做社群运营的人会有两部手机，其中工作手机要求不能关机，随时都要看。人们生活的被侵入感实在是太强了！所以，你说有的年轻人找工作强调下班时间不能被打扰，我觉得这更多是一种抗议，是生活被过度侵入的一种反弹。

有的人是客观上不得不去平衡工作和生活。比如很多妈妈，她回家后必须把精力放在孩子身上，老板的消息对她来说真的就是让她没法专心照顾家里，会让她变得手忙脚乱，那她在选工作的时候就要想好，不能选太"卷"的公司、太"卷"的老板和同事。而有的人就是主观上不喜欢在下班时间被打扰，如果一个人确定自己是这样的人，那就需要在找工作的时候了解清楚，这是家什么样的公司、大家是什么样的工作状态，再决定要不要加入。

关于"好工作"的认知差，
鸿沟有多大

陈舒扬　你觉得人们对职业和职业发展有哪些普遍的偏见？

薛毅然　第一种偏见就是代际信息差、认知差。60后和70后，就是90后、95后的父母，他们对职场的很多偏见正潜移默化地影响着下一代。他们灌输给下一代的认知跟下一代自己的认知之间产生的冲突，会给下一代的职业生涯增加很多摩擦，或者说痛苦。

代际信息差、认知差能大到什么程度呢？在非常多的60后的观念里，你在传统行业的大公司找到一份工作，那才叫正式工作；如果你在一些新兴行业、新兴领域、新兴公司找到工作，他们可能觉得那都不叫正式工作。年轻人完全不受这些观念的影响，是不可能的。

如果今天谁家孩子毕业，他妈妈特开心地跟我说自家孩子去了某银行工作，我可能会问是做哪个岗位，然后他妈妈告诉我是做柜员，我就特别想感叹，这么一个好学校毕业的孩子，苦读10年，最后去做了柜员！3年后他可能会成为客户经理，即使在这个岗位一直干下去，哪怕是营业网点干得最好的，如果这个网点的经理没有退休或者晋升，他始终没什么机会。这个时候可能有一个特别偏远的地方空出岗位，他可以去竞聘，假设他竞聘成功了，那他还是得带着几个柜员和客户经理，天天早出晚归……

这种认知差不仅存在于两代人之间，在地域之间也很明显。

在北京，如果听说一个人在阿里工作，一般人会觉得："哦，还不错。"但在三线城市，如果别人问你在哪儿工作，你说在字节跳动，别人八成会问："什么？这公司是干吗的？跳舞的吗？"

我有个学员在某三线城市的字节跳动公司负责招聘，说前几年的时候，他们招人的解释成本特别高，但那时据说字节跳动的全球员工约有十万人。这样一家公司，可能员工数都要赶上中国银行、中国石油这种企业了，可能一个算法工程师的年收入都几十万、上百万了，但还是有那么多人觉得："嗯？这是一家什么公司？"

现在抖音比较火，大家知道抖音，但未必觉得在抖音工作是一份好工作。毕竟在某些城市，只有在中国移动、中国电信、银行工作，才算好工作。

如果你生活在珠三角或者长三角这种地方，你会发现大家可能并不那么在意公司是不是很大、是不是很正规，更在意的是自己在这里能获得什么样的成长和回报。但如果去西北或者东北，你就会发现大家还是更在意公司是不是大企业、是不是世界500强。

第二种偏见，就是对某一类职业的偏见。

举个例子，我们家外甥女即将毕业，我跟她开玩笑说要是没找到好工作，可以把卖保险作为保底的工作。因为我认识很多做保险业务的人，对这一行有了解。我跟她说其实去做保险工作也挺好的，可能前三年会比较难，但是从第四年开始很有可能成为同龄人中的佼佼者——我真的觉得这是个大概率事件。后来有一天，外甥女跟我说了这么一句话："我问了身边的人，他们都觉得卖保险的人跟骗子一样。"你看，外甥女即使在北京上学，想法还是会被一些传统、过时的观念影响。

第三种偏见，是大家都认为的"好职业"。

我现在问你，医生这个职业好吗？教师这个职业好吗？如果谁家孩子当老师或者在医院工作，大家会觉得他整个家族都会受益。但是从当事人的角度来说，医生、教师这些职业真的好吗？

为什么我要举这个例子？是为了说明在职场里头经常出现大家说某一种职业好的情况，但是大家说好跟你有啥关系？是你在干这份工作，不是大家。

第四种偏见，是很多人会特别在乎所谓的机会成本。

举个例子，比如说一个人做了 3 年财务工作，做得谈不上多好，但因为做事挺认真，总体还算不错。但是他越做越烦，这个时候想转岗，他就想：如果我在财务岗位上做到第四年可能会升职，我的收入可能会涨，但如果我现在转到另外一个岗位，明年升职加薪就没可能了，这个机会成本太高了。可能身边还有人在说做财务多好啊，财务这个岗位多稳定啊……好，他就又苦苦撑到第五年，但是机会成本只会持续上升，转型的难度也会持续增加。最后，他没选择了。

还有很多人说："我念本科、研究生时学的都是这个专业，已经在这里头'耽误'六七年了，现在转行的话，机会成本太大。"我看到这种人会说："6 年是过去了，可是你还得活几十年，在职场上，你还要待 20 多年呢。"

有时候我甚至会开玩笑说："你在眼瞅着就要沉没的泰坦尼克号上，还在留恋自己坐了个多么豪华的游轮，舍不得跳船求生。"

第五种偏见，是信息过多带来的扰乱视听、过度焦虑。

在我刚刚工作的那个年代，人们接触到的信息非常有限，而现在我们能获取的信息太多了。很多信息其实是在扰乱视听、增加焦虑，比如说 35 岁的职业危机、中年危机，这种恐吓式的信息特别多。我经常说，当你被媒体上的那些信息扰乱的时候，你做出的选择可能会更有问题。

太乖的人，不容易开心

L女士，32岁，

传统行业销售，学了运营管理的线上课，

想转行去互联网。

我讲一个例子。L女士，32岁，已婚，在传统行业工作，公司规模不大，简单说是做To B的行业专属设备的销售工作。她原来的职位是销售部助理，后来老板让她负责某一个产品线的运营管理。L女士有一个特点，就是特别爱学习，她到了运营管理岗之后就报了线上的互联网运营课程。我们知道针对互联网行业的运营，跟她在公司干的运营其实完全不是一回事。L女士学了这个课程之后，发现互联网公司的运营像那么一回事啊，就找到我说感觉自己所在的行业太落后了，想转型去互联网公司。

实际上她是不太可能转型成功的。你说互联网公司怎么会招一个工作经历全在传统行业、32岁的已婚女性？其实L女士在自己的行业干得并不差，她焦虑的是自己会不会被时代抛下。

当时我就问她："你觉得自己所处的行业在5年、10年之后会消失吗？"她想了想说不会。

我又问："那你觉得自己现在待的这家公司没前途吗？"她说也不是，其实公司还是有很多专利的，老板也在进行一些前瞻性的布局，公司研发的一些东西在行业里头还挺有竞争力的。

职场真话

我又问:"你对老板有非常强烈的不满吗?"她说没有,其实老板对她特别好,她现在的薪酬跟互联网公司的那种收入上百万元没法比,但是加上一些福利,自己税后一年差不多是 50 万元。而且因为她在这家公司待的时间比较久,老板对她也很认可,所以遇到孩子生病时,她完全可以在家办公。

我说:"那你为什么要跳呢?"

我举这个例子是想说,很多人总想往风口浪尖上去挤,年轻的时候去找风口浪尖是可以的,但到了一定年龄,想法就要换一下。

我再讲一个没太折腾好的例子。

M女士,广告策划,

被邀请合伙开广告公司,虽称领导但什么活儿都要亲自上阵,想转回甲方公司而不得。

我认识一位广告公司的策划,2014 年的时候她经人介绍去了当年规模还不是很大但现在很大的一家公司的市场部。当时她做得还不错,在基层管理岗,但后来有一个朋友邀请她合伙开广告公司,她就离职了。可以看出她骨子里还是想折腾的。后来,这个合伙人家里出了事情,资金断了,她自己撑了一段时间,也挺难的。这两年在营销领域,很多大公司都喜欢投一些能直接变现的流量，她的业务遇到了不小的挑战。她作为首席执行官，得写文案、做方案，忙起来甚至连设计师需要做的修图活儿都得干！同时，为了撑首席执行官这个门面，她还得买一些名牌的包包和衣服，用她自我解嘲的话说就是"真的是一个人就是一支队伍"。撑到 2018 年，她再想回到甲方公司，很难。像她这种在自己的公司做到首席执行官，没有公司会想招。她现在的状态更像自由职业者。如果当时没有离开那家甲方公司，可能她现在都分到股票了。

她跟我说现在"不太愿意跟以前的同事聚会"，但是为了获得一些商务合作机会，有些聚会或者约前同事喝喝茶，她还是要去的，但她很明显并不享受这样的聚会。有时候她也会自我解嘲，"虽然没等到'大厂'的股票和百万年薪，但至少现在不用那么'卷'，更自在"。

不是每个人都适合创业，自己干未必比身在大组织平台更"自在"，但是既然做了选择，这位朋友也只好硬着头皮往下走……

这些就是我想到的比较普遍的偏见或者执念。

主流跑道太拥挤，
另辟蹊径也不容易

陈舒扬　在职业发展上，你说过自己是主张自由意志的，怎么理解你说的自由意志？

薛毅然　讲两个例子吧，对比着看就能理解自由意志。

N女士，32岁，

国企技术人员，学历优秀，

目标是成为大企业的中高层管理人员。

　　第一个案例是我之前辅导的 N 女士。她本科是在"985"学校读的，研究生也是在北京不错的研究机构读的，毕业之后为了留京，她在一个类似于国企的研究所工作，一直做技术，也做过一段时间的项目经理。但那个项目没有做得很顺利，便中途换人了，后来她就怀孕生宝宝了，最后她就变成了国企里面的专业技术人员。N 女士来找我做咨询的时候是 32 岁，她跟我讲自己未来三五年的职业目标是"成为大企业的中高层管理人员"。

　　我不能说任何人的需求是"不对"的，但我还是会问，这个需求是你真正的需求吗?

N 女士想要的,其实是主流价值观里的优秀。

我觉得这里边有时代的因素。其实像我们 70 后,乃至 60 后,成为大公司的中高层管理人员的概率要比后代大很多,因为他们所经历的中国经济的发展太快了。在这代人的职业发展过程中,大量新的行业、新的大公司被催生出来。在跟我差不多背景的同龄人中,我觉得十个人中可能有六七个人能成为一家不错的公司里面的中高层管理人员。但对 80 后、90 后来说,这个概率就小很多。

但是呢,不知道是谁给大家植入了这么一个成长目标,就是要成为大公司的中高层管理人员。如果你要问这背后的诉求到底是什么,其实就是主流价值观里的优秀。

陈舒扬　也就是说,你觉得追求主流价值观里的优秀,这不算自由意志?

薛毅然　我来讲另一个例子吧,可能就有对比了。

小胡,28岁,

为人踏实、人缘好,

跳出体制内,成为一名自在的"北漂"。

大概是在 2017 年，有一个小伙伴约我做职业发展规划，我们就叫他小胡吧！小胡是内蒙古人，在北京读了一个不错的大学，毕业时亲戚帮他找了一份研究院的工作。那是烟台的一家事业单位，提供宿舍，给的薪资也很不错，他在前两三年还挺满意的。

小胡在这家单位工作快 6 年了，工作内容没发生什么太大变化，基本上就是一些公文写作、会议组织和服务，有时候他也会陪领导出差，但基本上是做简单重复的工作，他感觉越干越没劲。

小胡为人很踏实，人缘也不错，单位的大姐便给他介绍对象。其中一个女生是本地的，家境很好，各方面条件都不错。女孩的父母也很喜欢小胡，两人交往一段时间后，大家都觉得是很般配的一对，但小胡不想这么快进入一个按部就班生活的轨道，考虑再三后和女生谈开，两人就分手了。

小胡来找我是想看看是留在烟台换家市场化的公司工作，还是去北京从零开始。从各方面综合评估，我不建议他转换职业跑道，因为性价比不高。我围绕小胡喜欢并擅长做的事情进行思考，想看看能否找到一个适合他的副业。那时候做微信公众号还是挺不错的，再加上小胡很喜欢看书，经常写一些读书笔记或者自己在生活中的感悟，我建议他先从这里尝试，说不定能找到适合自己的。

过了半年多，小胡有一天在微信上和我说要来北京出差，想再找我聊聊。我以为他就是单纯地想找人聊聊天，碰巧那几天我也不忙，就约在了一家离我比较近的咖啡馆。一见面他拿出一个本子，上面写了"初步方案"，不仅涉及自己想做的事情，还对自己的选择可能遇到的挑战分析得很细致。那一刻我知道他不是来找我随便聊聊的，而是找我评估这个方案的可行性。

说实话，我做过很多职业转型的咨询，但那一次，我真感觉挺难的。因为他在体制内工作快 6 年了，与商业化公司严重脱轨，好在他一直没放弃学习与成长，而且他也算有一技之长吧——文字功底还不错。但是他想做的事情和投资分析有关，无论是过往的专业背景还是工作经验，都几乎与投资分析没有一点儿相关性。我就建议他先找一些与文字相关的工作机会，慢慢腾挪。

后来小胡通过朋友内推进入一家公司做课程研发，做得还可以，但也挺辛苦的，每天回到出租房收拾收拾就睡了，第二天再去上班。虽然经常加班，但总体感觉他还是挺开心的。

有一次我在微信上问他："抛弃那么稳定的生活跑到北京来，和大多数'北漂'一样不知何时能拥有稳定的生活，值吗？"他说："毅然老师，你不知道！过去在体制内工作是挺轻松的，但我一点儿都不自在。不找女朋友不行，找了女朋友就得赶紧结婚，结了婚就要生娃，我感觉自己就要变成中年人了。"我问他："你爸妈不催你结婚吗？"他说："催呀！家里人都催，但我和他们说要先好好奔事业，等我有了事业，还怕没女生喜欢我吗？"

小胡和我聊过他的事业规划，客观地讲，那并不是什么清晰的事业规划，更像一个人想尽办法地活出自我，就是不想被一眼望到头的工作裹挟着前行。大约两年后，他跳到另外一家公司工作，还是忙忙碌碌的。我很难用世俗的眼光去评判他的职业选择，因为薪水是有挺大的上涨，但工作内容和职位也没有什么大的提升。从咨询师的角度看，我依旧看不清小胡的职业规划路径，我只是知道他 30 岁出头了，一个人漂在北京，自由自在，或许这就是属于他的自我实现吧。

我觉得如果能够尽早知道自己想要什么，不被这个世界的主流价值观裹挟前行，一个人至少会活得比较舒服和自洽。我认识不少这样的人——脱离了主流跑道，自己找自己的路，虽然没那么容易，但也没那么纠结。

陈舒扬　既然不能说任何人的需求是"不对"的，那一个人走的路是主流的还是不是主流的，有本质区别吗？毕竟追求别人眼里的优秀，也是很合理的心理需求。

薛毅然　关键是，主流的跑道太拥挤，上升通道太窄了！只不过大家被传统观念绑架，觉得那才是更体面的职业道路。

我觉得大家必须看到大组织越来越固化，基础岗位越来越多地被机器替代。传统大公司实际上并没有人员的缺口，而是有人员分流的压力，员工的上升通道自然会变少。现在的年轻人进入主流价值观里很大、很好的组织工作，如果仅仅把它当一份工作，当然没有问题，但你说能获得多大成长，我觉得很难。

对工作不满意，
也可以活得自在一点儿

陈舒扬　我们前面说到的职业偏见，大多是被主流价值观裹挟而产生的。那你能不能讲讲自己看到的不在主流价值观内的各种各样职场人的活法，并且你觉得这些活法也不差？

薛毅然　其实非常多的工作本身就是保证社会正常运行的一个基本程序。比方说地铁司机、安检人员，他们没有价值吗？当然有价值，他们就是在保证社会正常运行。

但是很多人觉得这样的工作没意思，希望让别人看到自己的工作，希望对这个世界产生一些影响。

我最怕有人跟我说他想像乔布斯那样去改变世界。难道一些小的改变就不叫改变吗？比如说一个做人力资源的女生跟我讲，她觉得自己对公司的最大价值是，她进公司的第三年推进公司做了组织优化，人均工资涨上来了，但是整体的人工成本控制得很好。你说这样的事情是不是有价值的？提高组织效率，让组织里的每个人获得更好的回报，业绩也更好，这不是价值吗？再比如一个女生跟我讲，她不觉得自己是一个特别能干的人，但是这么多年，不管到哪个团队，大家都跟她关系很好，她要离开的时候会有好多同事来找她吃饭、聊天。其实就是说她在哪里都能给人带去舒服的感觉，你说这不是价值吗？

如果不能在工作中找到太多成就感，那一定很可悲吗？

小O，

事业单位工作，

个性强，希望转型。

　　几年前，在事业单位工作的小O特别想转型，想跳出事业单位去互联网公司工作。但我觉得她不太好转，一个原因是她以前做的事情涉及面太窄，基本上没有能迁移到互联网公司的技能；还有一个原因，这个姑娘是那种挺有个性的，在体制内甚至可以说有点叛逆，说话比较直、比较冲，不属于情商高的人。当一个人没有什么专业能力，情商再不高，其实是不太容易被新的环境认可。

　　后来她没有离开事业单位。因为我经常在朋友圈里看到她在吐槽领导，当然肯定是分了组发朋友圈的。但是在新冠疫情发生前后，我发现她变了，不再吐槽领导了，而是会在朋友圈里发自己生活的视频，如唱歌、练瑜伽、去户外等。

　　很显然，她的工作不会给她带去太多成就感、满足感，但是她很难一跺脚就辞职。我觉得人有的时候就是要学会在现实的无奈中寻找自己的快乐，或许这是一种更务实的活法。

　　还有就是，我身边的"斜杠"其实有很多。比如说一家国企的法务主管，业余时给人做情感咨询、教人谈恋爱；再比如有人在高校做行政工作，业余爱好是占星；再比如有人做销售，同时很喜欢研究化妆品，去跟客户谈方案的时候谈着谈着就谈到了化妆……

我觉得本职工作未必能给他们带来那么多价值感、成就感，但是他们都找到了平衡。

小富，26岁，

家境好，没压力，追求和谐的工作环境，

3 年内的最大目标是结婚。

我再讲一个男生的例子。这个男生的家境还可以，用我的话说就是小"富二代"。他还上学的时候，父母就在北京给他买了套房子。他读的大学很一般，毕业后父母给他找了一份国企的派遣制工作。他跟我说在那个单位里头，大多数同事是 40 岁以上，而且女性居多，老气横秋的，天天就是讲自己老公怎么了之类的琐事。他干了一年，怎么也待不下去了，下决心把工作辞了。他重新找工作也特别费劲，后来去了一家很小的公司，做行政和后勤类的工作。不过这个男生还挺机灵的，后来就转到了市场类的岗位。但不管怎么样，他所在的公司总归不是特别好的公司，工资也不高，工作当然也不是特别忙。

他来找我的时候，我问他："你对工作的期望是什么？"他觉得有一群还不错的小伙伴就挺好。毕业第一年在那家国企，他有段时间感觉自己都快抑郁了，在现在这家公司，虽然工资不高，同事也不是那种特别牛的，但大家的关系还挺好的，而且自己也不需要太多钱，就需要有这么一份工作，有这么一群人。

我就问他："那你为什么还来找我？"他说有一个同学老说他这种状态就是在混吃等死，建议他跳到互联网行业。于是我问："你真的想去吗？可能压力比你现在大很多。"他说："也不是不可以，但也没那么想。"

后来我就干脆问他："那咱们不说工作，你未来 3 年最想做的事情是什么？"

那小伙子说最想做的事是结婚。我问他除了同事还有没有其他社交圈子，他说没有。我说："这样吧，你先别考虑换工作，你去学一学跟互联网运营有关的课。"他问原因，我说："首先，学习是一件让人很开心的事情，反正你现在换工作也不行，不如先学一点课程，然后多认识一些互联网公司的人。这不代表你一定要转去互联网公司，但你的社交圈子会变大一点。如果你以后想做点什么，也是有可能的。"

很明显，这个小伙子属于那种自己没有什么特别明确的志向，但也没有太焦虑的人。我觉得这样也挺好。

#重要的话#

- 有两种特质的人比较容易享受自己的工作，一种是天生积极情绪特别高，这种人可能做什么都比较容易开心；还有一种是天生不那么"乖"，容易活出自我的人。

- 有的年轻人是他身边的人都是一个水平的，都是普通"搬砖"的，没有见到过厉害的，他就觉得工作好像都这样，挺没劲的。我经常会建议一些人多去找自己这个领域的人交流，可能你就会知道高手是什么样子的。

- 在职场里头经常出现大家说某一个职业好的情况，但是大家说好跟你有啥关系？是你在干这份工作，不是大家。

- 你在眼瞅着就要沉没的泰坦尼克号上，还在留恋自己坐了个多么豪华的游轮，舍不得跳船求生。

- 很多人总想往风口浪尖上去挤，年轻的时候去找风口浪尖是可以的，但到了一定年龄，想法就要换一下。

- 如果能够尽早知道自己想要什么，不被这个世界的主流价值观裹挟前行，至少你会活得比较舒服和自洽。自己找自己的路，虽然没那么容易，但也没那么多纠结。

职场真话

职场真话 5

你不需要很聪明，
怕的是太封闭

本章讨论的话题：

什么决定了一个人在职场成长的快慢

一毕业就去大公司究竟是好是坏

在职场发展得好的人身上的重要品质

快速打开眼界的两种方式

应届生职业选择的三种情况

本章案例：

起点很高但一直没能成长起来的名校毕业生

30多岁的公立医院医生转型成为咨询顾问

一路逆袭的"二本青年"

不被名企光环裹挟、更务实的打工人

有人适合"宽跑道"，
有人适合"窄跑道"

陈舒扬　大部分人年轻的时候是焦虑、迷茫的，对自己了解得不多，对世界知道得也不多。你觉得是什么决定了一个人在职场成长的快慢？

薛毅然　我先讲一个反面的案例吧。

小F，80后，学霸，

本科、研究生毕业于顶级高校，

职业发展一路坎坷。

我们叫这个女生小 F 吧，她是在 1985 年前后出生的，从小就是学霸，属于那种别人家的孩子，本科在上海的一所顶级高校就读，专业是工商管理。

大学四年，她特别努力，就是那种全身心扑在学习上的好学生，成绩很好。毕业的时候，她拿到一家大外企的录取通知，后来在香港工作过很长一段时间，是那种偏中后台的专业岗位，中规中矩，稳扎稳打，工作其实挺符合她的个性。

后来因为父母希望她结婚安定下来，她自己也觉得在那种大外企工作很没意思，就从香港回到上海。当时她去了另一所顶级高校读全日制的工商管理硕士。在我看来，如果当初她不去读工商管理硕士，直接在原行业里跳槽也许更好。因为对某些行业来说，如果处在上升期，工作机会多，内部晋升也相对容易。但是，很多人会觉得自己读工商管理硕士，学历升级了，以后走管理岗位会更容易！但事实并不是这样，几乎没有哪家公司会因为你是工商管理硕士毕业就认为你适合做管理。

小 F 读研期间和同学的交流也不多，毕业后也进入了一家

职场真话

大公司工作。但也许是运气不太好吧，她遇到的上司比较挑剔，也不给她相应的权力和成长空间。她觉得自己的背景很好，不应该干这些基础工作，一气之下裸辞了。

裸辞后，她找工作不太顺利。这和当时的外部大环境有关，也和她对组织平台、团队文化和工作内容的高期待有关。后来她在两家公司短暂工作过，但都没能顺利熬过磨合期，这些经历让她颇有挫败感。

后来经朋友内推，她进入一家上市公司的子公司工作。小 F 在内心很不喜欢管理层和同事之间的交往方式，觉得人际关系既复杂又虚伪，但毕竟要养活自己，只好忍着。她也不喜欢和同事有太多接触，心里想着做好自己手头的工作就行了。

但在职场里，不是你想"事不关己，高高挂起"就可以的，总会有各种各样的变化。小 F 的学历背景和工作能力还是很不错的，后来她获得了一个内部晋升机会。按理说这是好事，但她是那种比较清高的人，不太擅长处理复杂的人际关系，干了没多久就被"架空"了。后来这家公司业务重组，小 F 上了人员优化名单。

她来找我的时候已经从这家公司办完了离职手续，状态有些低迷，我能看出她的焦虑，背后还有一些不甘心和愤怒。她问我："薛老师，为什么我快 35 岁了还一事无成？我到底是哪一步走错了？"

我反问了她一个看似与这些问题不太相关的问题："你和以往的本科同学、研究生同学接触多吗？"她说不多，大家都挺忙的。

其实这个问题是想引发她思考，人想在职场中成长，千万不能"刻舟求剑"，既要做好当下的工作，又要眼观六路、耳听八方。有些好机会都是在大家的私下交流中说出来的。

小 F 后来经朋友推荐进入一家小公司工作，半年后她在微信上跟我说了这个消息，同时问我如何才能进入大公司工作。我理解她希望进入大公司的想法，但我也知道没有那么容易。其实在小公司工作更要发挥自己的主观能动性，有时候大公司未必能给我们带来安全感，如果能在小公司成为非常重要的一位专业骨干，获得的安全感可能会更强，只要这家小公司不倒闭。

我们来盘点一下小 F 的职业成长经历。

第一，步入职场的起点较高，但大外企中后台专业岗位的经验并不容易迁移到其他领域，如果一直在大外企干，也许还不错；

第二，从香港回上海读工商管理硕士不是不可以，但绝对不要以为学历好就能有好的工作机会；

第三，不擅长处理复杂的人际关系，最好尽早选准一条专业之路去深耕，在之后的职业道路中靠专业能力和经验去抵抗不确定性。

其实小 F 到 35 岁左右并没有积累特别硬核的竞争优势。一般来说，在职场中，一个人 35 岁左右要不有很扎实的专业经验，要不已经在某一个业务条线或专业条线上成为管理者。小 F 的毕业院校特别厉害，但是在工作前几年，毕业院校是优势，只要工作超过 5 年，人们就不再看你的毕业院校了。

我之所以说这是一个反面案例，可能是因为我觉得小 F 是典型的学历和背景非常好、做事情也很认真、很靠谱的人，但是自己不熟悉这个真实世界的"游戏规则"，一手好牌没有打好，有些可惜！

还有一点就是从小 F 的优势测评报告来看，她做任何一件事情都会尽心尽力，但缺少眼观六路、耳听八方的特质。如果能穿越回她高考填报志愿的时候，其实她报工商管理专业就不太合适。为什么这么说？因为有的人适合"宽跑道"，有的人适合"窄跑道"。这个女孩属于在窄跑道上容易做出成绩，比如说以她的智商去研究生物工程、核物理或者学数学做保险精算师什么的，都会适合她。

"窄跑道"和"宽跑道"是一种形象的比喻。"窄跑道"是指所学专业和工作内容都在特别明确的专业领域，比如本、硕、博读的都是医学专业，毕业后一直从事神经内科工作。"宽跑道"是指工作内容比较丰富，既会涉及某些专业领域，又需要有组织、协调、沟通、整合资源的能力，还能根据需要从某个领域快速切换到新领域。比如很多运营人员，既要懂内容运营，又要能做投流和用户增长，有需要时还能做分公司的业务管理。这种"宽跑道"对人的快速学习和快速适应能力有较高的要求。

再来说说一毕业就去大公司到底好不好。一毕业就去大公司工作的优点，可能是这个组织有成熟的流程、管理体系，团队里的人也很优秀，缺点是"价值虚高"。比如说大公司给一个毕业生开两万的月薪，这个人就真的以为自己值月薪两万，但这其实是平台赋予你的价值，不是你本身具备这个价值。这也是为什么一个人在大平台待久了之后去小公司，基本上很难适应。一直待在大平台也行，只要你能待得住，并且这个大平台没有走下坡路。我见过几个不错的职业发展案例，有一开始去大公司工作，三五年后跳到初创公司成为骨干，后来快速升总监、副总的；也见过毕业后进入大公司从事专业技术工作，后来一直在大公司升职加薪，综合实力很不错的；更见过毕业后进入中小公司快速成长为某一板块负责人的。所以毕业后进大公司工作是好是坏，还是要具体问题具体分析的。

视野开阔，
会遇到更多好机会

陈舒扬　那正面的案例是什么样的？

薛毅然　我想讲一个未必有多优秀但我觉得可以算"一路逆袭"的女生。我们可以叫她 S。

S，二本毕业，

认真、爱学习、舍得投资自我，

一路逆袭。

S应该是在2016年本科毕业的，毕业学校很普通，专业也是文科。她毕业后就开始工作了。

她在大学期间参加了百度的"校园大使"实践活动，说白了就是帮百度做一些校园推广的事情。因为做得还不错，她在大三的时候拿到了暑期在百度实习的机会。

S毕业的时候，恰好她在百度实习的那个项目组的一个人出来创业，就把她叫上了。你想嘛，她刚刚步入社会，也没其他更好的选择，就这么误打误撞地去了一家非常小的初创企业。她说那家公司除了她一个女性，全是男性技术人员，而且技术人员也不超过10个人。办公室就在一栋居民楼里边，离北京市区还特别远。

但这个姑娘特别爱学习，她是早期的知识付费用户，会把非常多的钱用在网上学习上，而且上课特别认真，做笔记、交作业，包括主动去做社群的志愿者，做思维导图、做服务。慢慢地，她也算在知识付费领域认识了一些大咖，甚至跟一些人建立了比较紧密的像师徒一样的关系。

后来这个姑娘离开那家小公司，去了一家知识付费公司。虽然她当时的岗位是运营，但因为公司规模不大，所以所谓的运营就是什么都要做。她说自己最忙的时候是拿着手机和电脑不停地回复各种问题。她很擅长自己找事情做，一直非常积极地牵线搭桥，促成了公司内容部门的两门课上线，赶上了知识付费的小高峰，两门课卖得也很好。

后来她离开了这家公司，经一位老师推荐进入一家新组建的公司工作。这家公司的老板觉得 S 挺不错的，就让她进入用户增长团队工作。S 本身并没有这方面的经验，但是大家对她的印象就是很靠谱。

后来这家公司发展得非常快，S 入职的时候只有几十个人，一两年后发展到上千人的规模。现在 S 已经是这个用户增长团队的骨干。

其实作为具体干活的人，不需要多有经验，毕竟很多东西是可以快速学习的，也可以加"外挂"。有时候机会来了，不是因为你多么适合、多么优秀，只是因为这个位置恰好需要人。

S 身上有几个特别明显的特点：第一，做事特别认真；第二，执行力非常强；第三，特别愿意在投资自己这件事上花钱。

我举个例子，你就知道了。曾经有人指导她，说你每个月要拿出工资的百分之多少请你的团队或者跨部门的合作者吃饭，这是你跟大家搞好关系的一种方式，然后 S 真的这么做了。从有些人的角度来看，会觉得这么做有些好功利，或者说太刻意，但这个女孩就是这样，她可能没有那么聪明，但执行力非常强。我甚至觉得她身上有阿甘的那股劲儿。

后来我也在想，她那种认真的背后到底是什么？我觉得是相信。当你把信任交给别人的时候，你是有可能被骗的，但是长期来看，它的投入与产出是合理的。那种疑虑太多的人，反而可能在疑虑和摇摆中虚度时光了。

我再讲另一个正面的案例。

Y，85后，

历史学专业毕业，

从小对哲学、历史感兴趣，也很务实。

这是一个男生，我们叫 Y 吧。他是一个喜欢思考、从小对哲学感兴趣但在现实世界中也比较成功的人。

Y 是 85后，研究生毕业于一流高校的历史专业。

他说在念研究生期间，他把一个问题想通了：精神上的追求是一辈子的事情，但职业发展需要接地气，要先实现财富自由。

他毕业后去了某著名咨询公司。其实这种咨询公司在校招的时候对专业没有太多限制，更看重学校背景。从毕业的选择上，我们就可以看出 Y 的目标是明确的。他跳出自己的专业，选了一个看起来更有前景的跑道。

但他在这家公司待了一两年之后就离开了，原因是他明确地看到，一直待在这种大机构，很容易遇到职业发展的天花板。

他去做什么了呢？去了国内一家很大的电子产品品牌的代理商工作。Y 在读研期间实习的时候认识了一位前辈，他就是做这个的，就相当于 Y 跟着这位前辈一起工作了。这位前辈对 Y 的影响很大，Y 也非常认可他的商业头脑。

Y 也是从基层做起，不过几年的时间，他就做到公司非常重要的管理岗位了，相当于运营总监吧。

我觉得不是所有人都有这样的勇气——从一个看起来光鲜的专业机构里走出来，从基层做起。

可能也是因为他有不错的教育背景，所以他对商业机会是有自己的判断的。事实也证明他的选择是正确的，他这些年收入的增长、财富的积累，在同龄人中是非常快的。

他做这种选择可以说是看准了一个更快积累财富的跑道，而且他知道在这个领域，自己的能力是可以形成"降维打击"的。

S 和 Y 这两个案例很不一样，但有一个共同点：他们的世界都是大的。

S 属于那种特别有执行力，也愿意跟人学习交流的人，这种人未必有多聪明，但是她跟外部有很多接触点，所以她能够碰到好机会。而 Y 是很早就把一些事情想明白了，他的视野也是很开阔的。

　　　　　　　　　　　　　　　　　　　职场真话

多见人，多阅读，
快速打开眼界

陈舒扬　应届毕业生或者职场新人怎么才能快速地打开眼界，而不是故步自封？你有什么具体建议？

薛毅然　两个建议，第一个是多找人聊，第二个就是多阅读。

先说找人聊。别人的世界里一定有你不知道的，像我快 50 岁了，但我在跟年轻人聊天的时候，还是会发现很多自己不知道的东西。

最好的方式就是找人聊，听别人讲一讲他的工作是什么。如果你是一名应届毕业生，进了"大厂"，我们知道"大厂"的业务条线有很多，那你就给自己立一个目标：在所有业务条线中，找一个比自己年长三五岁的人聊天。不是闲聊，而是有目的地聊，你得知道这些信息：一个岗位的核心要求、价值贡献、发展空间、成长轨迹，还有在工作中会遇到的困难，一般都是什么背景的人去干。

不久前有一个管理学专业毕业的小伙子找我，他进了某云计算公司，我就建议他大概了解公司所有业务条线的人在做什么，他说已经了解了。我说："那好，那你再告诉我，公司里比你高两个层级的人的背景和成长轨迹。"他跟我讲这个级别的大多数人有技术背景，而他是学管理出身的。这其实就是一个非常重要的信息，也就是说在这样的组织平台中，如果你不是技术出身的，那往上升的概率可能没有那么大。

如果是在小公司，其实这些东西一目了然。有的时候，你会觉得身边的人也就那样，那你就应该往外看，看所在行业和相关行业。在这个过程中，你可能会产生一些模糊的目标，然后去看什么样的平台对自己更好。

举个例子，假设有一个做人力资源的，他面前有三类机会，第一类是那种传统国企、央企，比如说中国移动、中国电信；第二类也是传统企业，比如说华为，它的人力资源体系还是挺值得去学的；第三类是快速成长的互联网公司，比如几年前的滴滴。

要是我的话，肯定先把运营商这一类企业砍掉，不就是去"搬砖"了吗？去华为的话，我很清楚自己就是要用两三年的时间把华为的人力资源体系搞到门儿清。我要是去滴滴这样的公司，那我也很清楚，自己在这种企业里会遇到更有挑战性的任务，但是也会成长得很快。

我之所以想法很明确，是因为我知道这些组织平台里的人力资源都在做什么、是怎么做的，以及目前是什么状况。

我们现在将大量时间花在手机阅读上，好像获取了很多信息，但我们真的什么都知道吗？未必，我觉得还是要找人去聊。

很多内向的人就会说："哎呀，我不太擅长跟人打交道，那怎么办呢？"其实最简单的方法就是参加线下活动，相当于有人搭建了一个场景让你去了解信息。你就在那儿听着，也能获取很多信息。

除了跟人聊、参加线下活动，还有阅读。

阅读又分为两类，第一类是阅读媒体发的信息。比如说我会定期看虎嗅和 36 氪的文章。我不是创业者，也不在创投圈，那我为什么去看呢？因为我觉得自己需要知道。不管是科技的、产业的，还是经济的变化，我都需要知道，而且这些信息也会促使我去思考。

第二类就是去看所在专业领域中比较经典的书。现在大家基本上是读过大学的，但我发现很多人并没有看过自己所在领域那些经典的著作。比如说我就发现学管理的人很多没有看过彼得·德鲁克的书。如果去认真读一读，我觉得是会有不一样的理解的。

现在，很多岗位并没有对应的专业，比如说运营这个岗位，根本没有什么人是科班出身，但是这个领域中一定会有牛人写的书。我不是说这些书写得有多好，写书的人未必是这个领域最牛的，但是你去看了，就能建构起对这个领域的基本认知。

初入职场"被安排"，
风险很大

陈舒扬 回到人年轻时的职业选择这个话题。关于什么会影响人年轻时的职业选择，我觉得有的时候人的因素影响很大，比如你说的那位对 Y 影响很大的前辈就非常关键。有的时候，人就是被身边某个人影响，然后愿意去追随。

我听到过这样一个案例，孩子是学计算机的，但是毕业后他非常坚定地要去拍纪录片，父母非常不理解自己的孩子。这个孩子的性格偏内向，看起来是比较乖的那种。后来过了好几年，有一次一家人坐在一起吃饭，这个孩子主动提起自己毕业的时候为什么要去拍纪录片。他说上大学的时候，自己跟同专业的人没有玩得特别好的，也很少交流，但是他认识别的学院的一个人，两人非常谈得来，成了关系特别铁的朋友。这个朋友特别喜欢拍片子，带着他做了很多相关的事，所以他毕业的时候也愿意跟着这个朋友一起干。当然这个男生并没有一直拍纪录片，后来也成了"上班族"。

薛毅然 我觉得应届毕业生的职业选择分几种情况。

第一种情况是，有一些人的自我已经生长出来了，他很清楚自己要做什么，哪怕几年后会变。其实这也很正常。一旦是自己选择的，人就更愿意全力以赴。就像你刚才讲的那个孩子，他被一个朋友影响了，但是他很坚定自己的选择。

第二种情况呢，有一些人也没有非常明确的想法，但是他会收集很多信息。在这个过程中，他会左右摇摆，但他也会多去探索、多去面试、多去实习，最后选了一种职业。我觉得这种也挺好的，至少他有探索的过程，虽然不坚定。

我觉得最可怕的是第三种情况——"被安排"。他毕业之后就

职场真话

被父母安排，有的时候不一定是父母，可能是导师说现在哪里有个什么机会，可以推荐他过去，然后他觉得这个机会看着还不错就去了。刚入职的时候，他的注意力可能还在适应新环境上，别人让他干什么他就干什么，收入在同龄人中也说得过去，他没有想那么多。但是过了两三年，他发现工作越来越没劲，但是也没有很强的动力跳出来，靠着惯性再干个两三年，然后发现越来越干不下去，跳出来也越来越难，因为他不会干别的。而且因为缺乏跟现实的碰撞，他也不知道自己到底想干什么、能干什么。

陈舒扬　说到职业选择，我们一般会感觉这是很严肃、很理性的，甚至要为五年、十年后做好打算，但是很多人是靠"我喜欢"去做选择的，比如我喜欢跟什么样的人在一起、喜欢做什么样的事。

　　你怎么看人年轻的时候靠情怀做决定？就比如我刚才说的那个学计算机的孩子毕业后跟着朋友去拍纪录片。

薛毅然　还是要回到我之前说的，即情怀是否经过现实的洗礼。经过现实的洗礼后，你可能调整或放下或坚持自己的选择。

陈舒扬　你觉得一直坚持情怀的人多不多？

薛毅然　大部分人肯定是变得越来越现实，但是未必说他们就放弃了情怀。

其实，我一直建议大家在人生中加入时间维度，也就是在不同阶段做不同的事。这可能跟我学经济学有关，总是会有一种效益最大化的思维。也就是你在该挣钱的阶段努力挣钱，并不妨碍你以后去做自己想做的事情。

如果原生家庭和成长环境给足一个人支持，他的确可以一开始就去做自己喜欢的事。还有一种人是欲望比较小、物质需求比较少，这也挺好。很多有情怀的人用不结婚、不生孩子来支撑自己的情怀，我觉得这也是种选择。

但是，如果一个人对物质是有需要、有追求的，也可以选择默默守望着自己的情怀，先履行自己在现实世界中的责任，然后在人生未来的某个阶段去实现情怀。

我觉得情怀不应该在人年轻的时候像一团火似的燃起来，然后被现实的几瓢水就浇灭了。更好的选择是，那团火一直在这儿，不需要燃得很旺，但也不会熄。

#重要的话#

- 一个人在30多岁转行、去学新东西有多难，其实取决于你自己觉得这件事难不难。

- 一毕业就去大公司工作的优点，可能是这个组织有成熟的流程、管理体系，团队里的人也很优秀，缺点是"价值虚高"。比如说大公司给一个毕业生开两万的月薪，这个人就真的以为自己值月薪两万，但这其实是平台赋予你的价值，不是你本身具备这个价值。

- 当你把信任交给别人的时候，你是有可能被骗的，但是长期来看，它的投入与产出是合理的。那种疑虑太多的人，反而可能在疑虑和摇摆中虚度时光了。

- 那种特别有执行力，也愿意跟人学习交流的人，他们未必有多聪明，但是他们跟外部有很多接触点，所以能够碰到好机会。

- 如果你是一个应届毕业生，进了"大厂"，那你就给自己立一个目标：在所有业务条线中，找一个比自己年长三五岁的人聊天。不是闲聊，而是有目的地聊，得知道这些信息：一个岗位的核心要求、价值贡献、发展空间、成长轨迹，还有工作中会遇到的困难，一般都是什么背景的人去干。

- 我们现在将大量时间花在手机阅读上，好像获取了很多信息，但我们真的什么都知道吗？未必，我觉得还是要找人去聊。

- 很多内向的人就会说："哎呀，我不太擅长跟人打交道，那怎么办呢？"其实最简单的方法就是参加线下活动，相当于有人搭建了一个场景。你就在那儿听着，也能获取很多信息。

- 在人生中加入时间维度，在不同阶段做不同的事。在该挣钱的阶段努力挣钱，并不妨碍你以后去做自己想做的事情。如果一个人对物质是有追求的话，可以默默守望着自己的情怀，先履行自己在现实世界中的责任。情怀不应该在人年轻的时候像一团火似的燃起来了，然后被现实的几瓢水就浇灭了。

职场真话 6

身在职场，
早点学会"站队"

本章讨论的话题:

"站队"到底是什么

为什么领导希望下属表忠心

如何在职场政治中保护自己

本章案例:

不会"听话听音"的技术男

职业发展，
要看有没有人给你机会

陈舒扬　"职场政治"对一些人来说是挺负面的词，但中学课本告诉我们，人是政治的动物。我们该怎样应对职场政治？

薛毅然　首先说一个我认为非常重要的点：很多人心中有一个假设，即我通过自己的努力把事情做得很好，我就应该得到更好的机会、更好的回报。

但真不是这样。不管在哪一种企业，很多时候决定你有没有机会的，不是你够不够努力，而是别人给不给机会。

我昨天晚上辅导了一个男生，他读的是民办三本院校。我当时跟他说了这么一句话："你不要想着自己学习不好、智商没有那么高，就觉得自己一定混不出头。你可能天生不是那种智商高的孩子，但是你知道吗？在职场，并不是智商越高越出色。其实大多数工作不需要那么高的智商，有的时候反倒是你去做就好了。"

很多领导在选人的时候，潜意识中有一个标准：不累人。不累人就是你能把这个活儿干好，还听话，不给人找麻烦。但是那种智商高的、能力特别强的人，往往会在组织中给别人带来不舒适的感觉。

陈舒扬　有点像你前面讲过的一个人是对事情敏感还是对关系敏感。个人能力强的人往往将精力和注意力放在事情上，而不是关系上，就不太会去照顾别人的感受。

薛毅然　职场政治呢，说白了就是：有人的地方就有关系，有了关系就有远近，有了远近就有立场。

我讲讲最近发生的一件事情。

我有一个学员，她是公司的人力资源总监。她所在的公司比较复杂，有几方股东，她是其中一方股东招来的，大家都认为她是那一方股东队伍的。她跟我说自己是不太愿意站队的，在岗位上处理问题的时候，她更多是站在专业角度和公司整体利益角度。结果就是，招她进来的人不觉得她是自己队伍的，其他人又觉得她是别的队伍的。最近公司业务和融资出现了很大问题，局面混乱，旧股东退出，新股东进入。在这个局面中，她的处境就变得很尴尬。因为谁都不把她当自己人，她留也不是，走也不是。

我想说的就是——在某些复杂的局面中，不管你自己是怎么想的，别人都会给你贴标签：你是哪个队伍的，你不是哪个队伍的。

有的人会觉得站队意味着绑定，绑定可能意味着收益，也可能意味着风险。不站队看似没有风险，但是也没有"同伴"。其实，有的时候即便自己不站队，也会"被"站队。

陈舒扬　问一个可能很幼稚的问题：怎样才算站队？比方说我跟上司表忠心，这就叫站队？但我的上司怎么知道我是不是真的向着他啊？

薛毅然　这个问题让我想到一个例子，特别有意思，就是前两天发生的事。

小雷，

技术男，为人耿直，

不会"听话听音"。

小雷是典型的技术男，在一家很大的公司工作。从人事归属来说，他属于公司的 A 事业部，但是因为公司业务是偏项目制的，所以他有段时间跟 B 事业部的某位比他高两个层级的领导关系不错，他也想跟这个人一起共事。

他所在的 A 事业部最近有一些新的变化，来了位新的大领导，大领导就找他谈话。谈话，简单说就是先打压他，说一些"知道你特别有个性，挑项目"之类的话，打压完了再拉拢，说些类似"你只要跟着我们，就可以怎样怎样"的话。

这个学员来找我的时候，一给我呈现他们谈话的内容，我就明白新领导其实是想让他站队。这位新领导接手了这个团队之后，肯定做过基本的人员摸底工作，觉得这个小伙子是能干活儿的，要拉拢一下，相当于告诉他："你别去外头折腾，好好跟着我们干。"

但我在前面说了，这个小伙子是典型的技术男，他完全没有领会领导的意图。他在整个谈话的过程中一直在解释，说不是自己挑项目，而是因为什么事情、当时是什么情况等，一直在跟领导描述以前项目的细节，以至于他们谈了 3 个小时。

我跟他说："你们领导就是想拉拢你，他挑明到这个程度，你还是没听懂。"

我跟这个小伙子说："你知道吗？你把一个职场老江湖生生给弄到了泥潭里。你领导可能以为跟你聊 1 个小时，你就上道了，但生生跟你说了 3 个小时，你还没明白。你一直在跟他解释细节，你把领导给气死了。人家那么明显地希望你站队，你还听不出来。"

我举这个例子是想说，现在的确有一些年轻人不会"听话听音"，也完全没有意识到领导是需要下属明确立场或者给出承诺。

立场背后是利益，
但除了利益，还有感受

陈舒扬　　领导需要下属站队的动机是什么？

薛毅然　　我觉得是安全感和操控欲。

只要有人在一起，就会抢资源、抢地盘，就会有各种争斗。

举个不太恰当的例子，假设我跟你在 A 部门，我们跟 B 部门一起合作一个项目，我们上面有这两个部门的领导。在合作过程中，我们出现了工作失误，那这个"锅"由谁来背？跨部门合作在很多时候并没有非常明确的边界，无法界定责任，那么当我们是同一立场的时候，我们就会有"一致对外"的默契，都会说这个责任不应该由我们来担。

假设你是一个非常客观的人，你站出来说是因为哪里做得不对，指向我们自己团队，那对 A 部门的领导来说，你是不是胳膊肘往外拐？他会不会觉得你在给他添麻烦？

大部分领导喜欢那种立场跟自己一致还能干的下属，或者你可以不那么能干，但立场要跟领导保持一致。

还是那句话，有人的地方就有关系，有了关系就有远近，有了远近就有立场。

陈舒扬 不想站队也是一种立场。

薛毅然 对，这也是立场。不站队，有的时候是因为你谁都看不上，这也是立场。

我就没站过队，所以后来混成了"个体户"，哈哈。

骨子里不愿意站队的人，内心的潜台词往往有两种：第一种是"老子牛，不用站队，我才不靠抱谁的大腿"；第二种是"唉，天下乌鸦一般黑"。

讲讲我的第二份工作吧。当时我在一家民营企业工作，觉得挺幸福的，人际关系也很简单。刚入职的时候，我还跟朋友开玩笑说私企挺好的，根本不需要考虑站队，因为只有老板这一队，只要去干事儿就行。

后来发生了一些变化，毕竟有人的地方就有江湖。在那个江湖中有些艰难选择，也是一言难尽。

不过总体来说，我还是适合在相对简单的组织里做实事。但我做了 10 多年的管理咨询工作，对复杂局面中各种各样的人、各种各样的想法还是了解一些的，这也是很多伙伴来找我聊自己所在的公司、直属领导或者公司高管的原因。我大概率能猜出来那家公司在管理上是种什么局面，就好比小说看多了总能猜到结局。

陈舒扬 那你觉得是什么决定了每个人的立场？

薛毅然 "立场"这个词，其实很有意思。有的时候，立场背后是利益，也就是经济上的利益，但除此以外还有感受。

感受好，也是一种特别大的利益。

并且立场是隐形的、变化的，跟每个人过去得到的红利和受过的伤害交织在一起。

陈舒扬 立场放到职场上，我能想象到的情况就两种：一种是跟着这个领导有前途，所以我愿意紧跟；另一种就是我从情感上认同这个领导。

薛毅然 的确有一些人不爱站队，但他们天然地更认同某一类人，也就是他们跟谁不是为了谋取什么好处，就是喜欢他、认同他、欣赏他，愿意去追随。

我们前面都在讲下面的员工有爱站队的和不爱站队的，其实上面的领导也是分情况的。有一些管理者天生职场政治属性比较强，他们会认为你是我的人，我就罩着你，给你好处，然后一直提拔你、带着你，他们如果跳槽了、创业了，也会带着你。这种人天生喜欢有小弟追随。还有一种人呢，可能他们天生没有那么强的职场政治属性，但是和现实"摩擦"得比较多了之后，发现还是得有自己人，慢慢他们也会形成自己的小派系。

另外，我感觉站队这个事情，可能是有时代烙印的。60后、70后会觉得站队这件事是客观存在的，但是现在的年轻人可能会觉得没有那么多绑定。这种不同可能是因为时代变化太快了，公司也更新得太快了。

陈舒扬　一个不喜欢搞关系或站队的人是不是就尽量不要去大企业或体制内？

薛毅然　小公司也不是没有职场政治，但确实是公司越大，职场斗争越明显，部门之间的利益冲突可能会越多。还有就是公司比较大的话，大家抢资源的时候斗争会更激烈；而当公司在快速发展，大家都看着外部资源的时候，内部斗争也就没那么明显。

越传统、流动性越低的公司，人员关系越复杂，因为公司内部其实形成了更稳定的关系。

体制内站队现象会更明显是有两个原因的：第一个原因就是前面说的太稳定；第二个原因也特别重要，就是体制内会自然地形成一种圈层文化，人们天然会说这是我师兄、这是我校友、这是我同乡……有一种天然的标签。

在小公司呢，一个人被提拔，很多时候不是因为站对了队，而是因为能干成事。当然跟着能力更强的领导，你的机会也就会更多。

职场江湖的每个阶段，
你都需要"队友"

陈舒扬　所以还是要学会站队。具体是怎么站队的？

薛毅然　如果让我给建议，我会说去找一个你发自内心非常欣赏和认可的人，去追随他，多跟他交流，多跟他交换一些个人的想法、信息。

其实这已经超越了站队的范畴。作为下属，你要帮助你的领导成功。关键是找一个你认可的人，不要去假装。

我也见过很多阴暗的职场政治。比如说作为上级，明明小甲的能力更强，但是因为小甲不是我的人，我就使劲打压，是不客观地去打压、贬低。而这个上级之所以觉得小甲不是自己的人，有可能是因为小甲的个性有点耿直，在某些地方表现出对上级的不尊重、不忠心，或者他只是说了一个客观事实，但在上级看来就是告黑状。

还有一种阴暗的职场政治是下对上的，就是我心底里很讨厌你，但我表面上追随你，等我得势了再去打压你。就像越王勾践卧薪尝胆，人在屋檐下，不得不低头，但未来一定会报复。

不过，我觉得这些阴暗的东西在变少。

这跟信息更扁平、更透明有关。举个例子，在过去没有互联网的时代，假设我是一个特别黑的上级，老给你穿小鞋，你顶多跟同事说一说，说不定同事还会说："哎呀，你就忍着吧，他就是那样的人，你能怎么办呢？"但是现在互联网让很多信息快速传播，所以大家也不会做得太过分。

我们那时候受到的教育叫作"听话红利"，我们从小被教育听话是有糖吃的，但是现在的孩子可能不太信这个。

陈舒扬　如果想要在职场政治中保护自己，你会给读者什么样的建议？

薛毅然　那些会搞关系的人呢，有的是在搞关系中尝到了甜头，有的是父母就是那种特别会搞关系的，他自然也知道搞关系。对于这样的人，我想说时代变了，这一套未必那么有用。还有一点就是站队也是有风险的，比如说你上面的领导是个底线比较低的，在他获取不正当利益的过程中，下属其实是被他当了"白手套"，或者输送利益的桥梁。这种结果，轻的是道德风险，重的可能是法律风险。

那些不喜欢职场政治的小伙伴呢，一般是两种心态：一种是感觉自己很厉害了，可以搞定一切；另一种是因为自己不擅长，所以就躲着。这两种心态也要适当调整一下。

不喜欢站队的人，也需要有适度的站队意识。

有第一种心态的人，我的建议还是那句话，一个人再优秀，越在年轻的时候，他越应该知道机会都是别人给的。不管在哪里，千万不要恃才傲物。我觉得很多有才华的人就是因为不懂这个在年轻的时候吃了很多亏。你有能力，那很好，但如果你既有能力也有很认可你的人，是不是更好？

有第二种心态的人，我的建议也是那句话，一个人避免不了"被"站队的，那怎么办呢？平时还是要收集一些信息。除了一头扎进自己的工作，也要抬起头看一看，比如跟比较八卦的同事聊聊天。任何单位里头都有那种"大喇叭"，"大喇叭"说的话，你也不用照单全收，但是当你有了这些信息通路的时候，敏感度会提升一点点。

在一些关键的时刻，当你发现一些东西不是根据原有的认知可以去解释的时候，你绝对要借助外部的力量，就像我提到的那个听不懂老板话音的技术男。不是这件事情本身有多复杂，只是因为你没遇到过，你太年轻了。跟过来人聊一聊你就会发现，每个人的底层诉求就是那些，别人分析一下，你就懂了。

关键是你要意识到——这个东西，我看不明白，我得找人去问问。

比如我辅导的一个小伙伴，有一次他跟我说，部门大领导新带过来一个人，层级比他高一级。这个人手上有个新项目，问他对这个项目感不感兴趣。他当时就说："我特别希望跟你一起合作。"他之前也没有遇到这种情况，他想知道这么回应对不对。

我问了对方的背景，就跟他说："你这个回答的调子定对了，但是回答技巧扣分了。"

什么意思呢？如果是我，我会说："对这个项目，其实我的兴趣不能说有多大，但也还可以，我特别希望能够跟着你干一段时间，因为我觉得你经验特别丰富，能跟着你学习。"

你可以说这是一个反应情商的问题，但本质上是你心里要清楚，自己再优秀，机会也是别人给的。只有你传达出"我是真心想跟着你干、跟着你学"，人家才会有什么机会想到你。

陈舒扬　这样很有必要。

薛毅然　是的。不管你站不站队，我觉得是要掌握一些对人的判断的。任何人都有自己的立场、意图和预期，你要去观察跟自己合作的人，比如上司、上司的上司，或者其他相关部门比你层级高一点的人，了解每个人的立场和动机是什么。

比如说一个新领导空降而来，找你谈了3个小时，你要看到他认为你是一个能干活的人，而且他也需要人干活，想拉拢你。那从你的角度来看，既然你现在并不打算走，而且他身上的确有你可以学习的地方，那你就可以在这个阶段跟他成为队友，那你就得尊重新领导的权威，跟别的部门相处要有边界感。你站队，并不意味着要跟对方一辈子，而是在这个阶段，你们可以拥有更好的合作关系。事情就是这么简单。

#重要的话#

- 很多人心中有一个假设，即我通过自己的努力把事情做得很好，我就应该得到更好的机会、更好的回报。但真不是这样。不管在哪一种企业，很多时候决定你有没有机会的，不是你够不够努力，而是别人给不给机会。

- 有的时候，立场背后是利益，但除了经济上的利益，还有感受。感受好，也是一种特别大的利益。立场是隐形的、变化的，跟每个人过去得到的红利和受过的伤害交织在一起。

- 去找一个你发自内心非常欣赏和认可的人，多跟他交流，多跟他交换一些个人的想法、信息。这其实已经超越了站队的范畴。作为下属，你要帮助你的领导成功。

- 一个人再优秀，越在年轻的时候，他越应该知道机会都是别人给的。不管在哪里，千万不要恃才傲物。我觉得很多有才华的人就是因为不懂这个在年轻的时候吃了很多亏。你有能力，那很好，但如果你既有能力也有很认可你的人，是不是更好？

- 不管站不站队，对人的一些判断是要掌握的。任何人都有自己的立场、意图和预期，你要去观察跟自己合作的人，比如上司、上司的上司，或者其他相关部门比你层级高一点的人，了解每个人的立场和动机是什么。

职场真话 7

自由和安逸，
只能二选一

本章讨论的话题:

某些三、四线城市职场人的典型困境

离开大城市的红利和成本

怎么知道自己是适合待在大城市还是小城市

经济能力对女性意味着什么

本章案例:

放弃一线城市里银行的工作,回到老家生活的女性

从北京回到家乡的自由职业者夫妇

在三线城市的银行工作的精神苦闷的小伙子

想要转型成为职业咨询师的三线城市银行柜员

有野心、有抱负,在一线城市打拼的独立女性

安逸的代价，
可能是没完没了的心烦

Z，聪明、个性强，

毕业后在大城市的银行工作，后来觉得没意

思就辞职回了老家，现在在事业单位工作。

陈舒扬　　我最近跟一个 10 年没联系的发小见面了，她突然在微信上联系我，说要来北京玩。

让她产生这个冲动的原因是，她在抖音上刷到了一个介绍北京美食的视频，然后她突然感觉特别馋，就飞过来了。

薛毅然 的确还挺冲动的。她是个什么样的人？

陈舒扬 我就叫她 Z 吧。我觉得 Z 蛮聪明的，当年在学校也蛮活跃的。在我看来，她甚至做过一些很传奇的事情，是那种超出同龄人的事情。我就不细说了，细说起来太长了。

薛毅然 你们上大学之后一直没有再接触？

陈舒扬 我记得大学之后唯一一次联系她是大学毕业的时候。她当时在某市的某银行上班，我也正要去这个城市工作。因为还没有找房子，我就问她是否方便让我留宿一两晚，她说不方便。

后来过了好些年，有了微信，我被拉入了老乡群才跟她互相加了微信，但是几乎没怎么说过话。

薛毅然 然后，这次她突然跑来了。你再见到她是什么感觉？

陈舒扬 我们聊了很多，感慨也很多，所以这次想找你聊聊女性的成长、职业啊，包括小镇青年这些话题。

先说这个同学。她毕业后在某市的某银行做柜台类的工作，干了没多久觉得没意思，再加上身边也没有什么朋友，她就回了老家。

回老家之后，她跟很多人一样，也是依靠父母在当地的关系找了一份工作。可想而知，之后也是被催婚，她跟大部分人一样在两三年之后结婚了。她生了个孩子，又离婚了。她跟我说其实孩子出生之后自己就跟前夫分居了，但因为父母不支持她离婚，所以一直拖着，拖到最近才正式办了离婚手续。她父母甚至希望他们复婚。

在那个环境里，我理解父母不希望女儿单身，他们也会觉得女性年纪越大越难找。

我们见面聊天的话题有很大一部分是她离婚后被妈妈逼着相亲的一些经历，虽然是像讲笑话一样去讲的，但我可以感受到她的无奈，包括对她妈妈的一些吐槽：不管相亲对象多奇葩，在她妈妈眼里都是个宝，是自己女儿不懂事，不会抓住机会。

她现在是事业单位的财务人员，不用坐班，也比较闲。我大概能感受到，她的生活跟我的就像平行世界。如果说她面临什么压力，那也不是工作和经济上的。她也想找一个人结婚，但找到满意的并不容易。我以前听过一个说法，在"北上广"这种地方，只要你真的想找对象，找到满意的概率还是大的，反而在小城镇，选择范围不大。而且从她描述的相亲经历来看，我感觉她还是希望能跟对方有一些精神上的交流。

薛毅然　我们先来想一下，她在她父母眼里是不是那种不让人省心的？

或者我们可以说她应该不是那种特别懂人情世故的人。比如你说自己当时问她能不能借住一两晚，她说不行。当然我们能够理解，毕竟那个时候大家的条件都不好，她很可能是挤在一个很小的合租屋里。但是换一个懂人情世故的人可能会解释一下，然后说："既然来都来了，就请你吃一顿饭。"实际上，这个是中国人最基本的人情世故。

我总在想，在小城市，人情世故能够掰得清、玩得转，是混世界的"标配"。其实我们在北京，人情世故差一点没关系。她父母在这方面比她懂，也希望她能懂一些？

陈舒扬 怎么说呢，上中学的时候，周围同龄人是包容她的个性的，甚至蛮喜欢她的。但她的确不是普通意义上玩得转人情世故的那种人，也不是会讨老师喜欢的那种人。

薛毅然 嗯，刚才我也说了，在北京这种地方，其实个性突出一些还行，但是在体制内、小地方，懂人情世故就成了"标配"。

陈舒扬 我感慨的还不只是 Z 身上发生的事情。我跟 Z 还聊到之前共同认识的很多女同学，非常多的人最后回了老家。我在想为什么其中一些我觉得比较优秀或者看起来比较能干的女生最后都选择回老家？她们可能在一、二线城市工作过，但是后来还是要回去，这是为什么？

薛毅然 嗯。我特别想说的一点是，在目前的社会文化里面，女性从小被灌输的价值观，有的就是干得好不如嫁得好。这是第一点。

第二点就是父母对孩子的影响。但凡没什么资源的父母，比如农民，其实他们自己也就认了，就是说"我孩子能怎样我都认了，反正我帮不上忙"。怕就怕父母在当地有点儿权、有点儿势，或者拐个弯的什么大舅、二叔有点儿权势，就会造成一种情况——回家找关系谋一份稳定的工作。大家都会觉得这种方式是种捷径，因为在外头打拼多苦呀！回家找份安稳的工作，在小地方生活，压力真不大，他们的孩子也会慢慢被这些说服。我们在外头打拼的人，谁没有过特别苦的时候？比如说蛋壳公寓倒了，那可能很多人半夜在找房子、搬家。

就拿我来说，我觉得自己现在的生活条件算挺好了，可我 2000 年硕士毕业的时候，我跟我老公住在西直门附近的一个老两居室里，还只是其中一间，有一个 1.5 米的双人床，是进门就可以上床的那种。就这么小，一点儿都不夸张。在那个厨房，我还见过老鼠。硕士毕业的时候，我已经 28 岁了，如果我跟我老公在内蒙古的某个高校当老师，我们是能够分到两室一厅的楼房的。

那你想一想，是不是有太多人会在有老鼠的厨房和两室一厅中，选择两室一厅？

回到我身上。我之所以没有回内蒙古有个重要条件：因为我爸妈不是什么特别有地位的人，所以他们没有太干涉我们。如果我爸是当地教育部门的一个领导，他大概率也会说："你们俩得回来呀，你们俩都研究生毕业了，那以后提拔的话，我都可以帮你们俩找人，你们这种学历很快就能升上去。"等等。

你说这种诱惑不会让很多人愿意回去吗？

但是事情都是有代价的。很多人在这个诱惑下回去了，后面可能会遇到各种各样的麻烦。

T夫妇，36岁，中文专业毕业，
北京工作10多年，辗转媒体、互联网行业，
宝宝出生后回到天津做文案策划自由职业。

我想起认识的一对夫妇，T夫妇之前都是学中文的，在北京工作了很多年，在媒体和互联网公司都干过。他们今年应该是36岁左右，刚有了宝宝，今年回天津老家了。

那你说他们回到天津后还会再想办法、靠关系进体制内吗？不会的，他们在北京打拼了10多年，很显然积累了一些人脉和能力。我看他们发公众号文章跟大家说自己可以接活儿了，文案的、策划的、编辑的，都可以接。

他们是回了老家，但也只是地理意义上的，其实他们还是活在一线城市这个圈子里。他们跟那些在大城市工作了一两年然后被父母"威逼利诱"回去的人，是不一样的。

三、四线城市，
可腾挪的职场空间非常有限

陈舒扬　明白。那我想问，找你做咨询的人有多少来自非一线城市？他们是什么状态？有什么共同的困扰？给你带来什么感触？

薛毅然　非一线城市找我做咨询的，最多就是来自天津。你别看天津和北京就差 30 分钟高铁的路程，其实差得非常远。

很多天津的人约我，现在我会非常慎重，或者说只要是外地的人约我聊，我都会非常慎重。事实上，我的《怎样找准你的职业路线》自 2018 年 8 月在得到上线之后，有很多外地的伙伴约我，有不少被我拒绝了。

当然其中有一些非常具体的咨询，比如说在二线城市，在事业单位或者大企业里边怎么把握机会，怎么处理跟领导的关系，怎么做晋升答辩，我可以接这种咨询工作。相当于你已经在某一个跑道里边，想知道怎么跑得更好，那我可以帮上忙。

但是有很多人是想职业转型，或者想跳出自己那个小环境。如果这种客户的服务环境在小城市，我很可能会拒绝，因为腾挪空间太小！

如果这个人想从小城市来到大城市，那我首先会关心他有没有自己的社会支持系统，也就是他的父母、伴侣同不同意。如果有，那还好；如果没有，那其实很难。

P先生，三、四线城市银行工作人员，
已婚，有一个孩子，喜欢哲学，
不擅长人际交往。

　　我记得有一个我没拒绝但是咨询效果很一般的案例。客户是在三、四线城市某银行工作的P先生，比较喜欢看人文社科方面的书，喜欢思考哲学问题，但在人际交往方面较为被动或者不擅长。如果他在大学毕业的时候来找我，我可能会直接建议他留在大城市，因为这种特别爱思考的人在大城市，机会更多。举个最简单的例子——小城市是没有咨询公司的。

　　P先生是一个特别喜欢思考的人，但是我们知道银行的一些岗位是按照规则、流程去执行就好，不需要干这个岗位的人有太多深度思考。另外我知道他已经结婚且有一个孩子，生活很平稳，但感觉无法有什么突破和变化。跟他聊完之后我就知道，在他的职业道路上，我基本帮不到他。因为他显然不是那种能在银行体系里混上去的人，他不属于会来事儿、能折腾的人，也没什么特别的资源可以借助。我也不可能鼓励他不管自己的家庭去追求梦想。年轻时追求梦想的代价比较小，上有老、下有小的年龄段还是要考虑各种角色的平衡。

　　　　　　　　　　　　　　　　　　　　　　　职场真话

所以，根据他的情况，我当时建议他不要离职，而且尽量在现有的岗位上保持一个平稳的状态。我还建议他通过参加一些线上社群，给自己的兴趣爱好找一个出口。

　　现在回想起来，我觉得他来找我其实也挺好的。因为有时候看清现实也是好的，少胡思乱想，踏踏实实过好当下的生活也是好事，毕竟职业不是生活的全部。

Q女士，已婚已育，
三、四线城市国企工作，
想转行做职业规划师。

　　再讲一个案例。Q女士也是在三、四线城市的国企工作，已婚已育，她说产后一段时间自己有一点抑郁（很多女性在产后有抑郁情绪，换个角度讲，也是自我探索和自我觉醒的契机）。这位女士很主动地寻找解决办法，就接触到了心理咨询，然后对心理咨询感兴趣，想考心理咨询师。这个时候，她去做了职业咨询，想知道自己能不能转行去做心理咨询师。当时那个咨询师跟她说做心理咨询师要面对很多在服药的、有严重的心理疾病的人，能做这个，总要有个十年八年的学习和积累。当时那个咨询师给她指了另一条路，让她去了解一下职业生涯规划，看看有没有可能走这条路。

然后 Q 女士就在"新精英"学了与职业生涯规划相关的课程，之后她参加了一个打造个人品牌的训练营，然后发朋友圈告诉大家自己可以接业务了。但是，几乎没有人找她。

为什么呢？因为她在三、四线城市，并且自己又不是什么大学老师。三、四线城市中找职业规划师的人很少，除非大学老师，还有可能在大学生群体耕耘一下。

她来找我的时候先问我要不要报"新精英"的某个课程。我说："不报，因为你的问题不在这儿。"我特别明确地说："你想一下，在你所在的城市，如果大家在职业发展上有问题，他们首先是找关系，而不是来找你；如果一个人想离开家乡来北京工作，他也会来找我，他为什么要找你？"

这个话说得很扎人，但真相就是很扎人。

当然我也给她支了一些招儿，比如我说："你换个角度看，你去研究职业生涯，那你关注的是什么？关注的是人，对吧？你有没有想过如果你能帮中学生做职业生涯规划、高考怎么报志愿，你觉得家长愿意出钱吗？还有，你有没有想过做心理咨询的，除了那种在心理上有比较严重的问题的人，还有很多人就只是有一些情绪，比如跟公婆、老公有什么矛盾，她可能就是想找一个人聊一聊，疏导一下情绪，这个方向是不是也可以做？一个人如果花 399 元找你咨询，真的让自己心情舒畅了，那他可能下周还会找你。"

后来这个女士去学了中学生职业生涯规划相关的课程，最近我看到她一直在自己的自媒体上发布内容，视频号已经有一万多的关注人数，看起来做得还不错。

总体来说，如果你问来找我做咨询的三、四线城市的人给我什么体会，那就是他们可腾移的空间太有限了。在三、四线城市有哪些就业机会？我觉得除了当公务员、进事业单位、进大国企，就没了吧？要不就当个体户做买卖。当然，未来会不会有一些新变化，也不好说。

不想被"熟人社会"裹挟，
那就自己去打拼吧

陈舒扬　其实我们前面谈到的话题也好，案例也好，几乎都发生在一线城市，讲到的很多案例也都是名校毕业生，那你有没有想过，一个四线城市的小镇青年看到这本书会是什么感觉？你希望告诉他们什么？

薛毅然　我觉得这本书可能会有一个作用，就是让一些人认识到：唉，外头也挺苦的，算了，我在这儿有大房子住、有车开，就行了；领导虽然挺讨厌的，但是如果家里有事儿，我能想请假就请假，挺好的。

我也说过职业不是生活的全部，好好活着、幸福地活着就行。如果小城市的人看完这本书，他能更安心地在小城市生活，我觉得也不错。

说句不好听的话，别光看见别人当贼吃肉了，没看见别人当贼挨打。也就是说看见别人的不容易，珍惜自己的生活，也挺好的。

陈舒扬　我还有一点想说。可能是我比较特殊吧，我觉得自己大学毕业之后，没有什么时候算过得很差、很苦。我看到很多人叫苦，包括我的同龄人，刚毕业那会儿有的人描述自己当初生活条件有多差，比如跟别人挤一间房子，各种寒酸，但我总觉得那是有点夸张的。因为我觉得只要你有工作，你就有收入，那你合理地花钱，总是能把自己的生活安排得还算体面的。

薛毅然　那我问这么一个问题吧：你买过最贵的包是多少钱？

陈舒扬　没有上千元。

薛毅然　对呀，关键是很多人想买上万元的包。怎么说呢，为什么很多人会说自己在"吃土"？其实她一边在"吃土"，一边在买上万元的包、上万元的化妆品。

在整个经济安排中，你相当于给自己找了一个满意的舒适度，对吧？你没有攀比，没有去追求那些名牌，你找了一个自己觉得还可以的舒适度。

其实这跟是不是小镇青年没关系。不管在几线城市，总会有

职场真话

很多人去追逐更奢侈的消费，而这些更奢侈的消费就会让生活捉襟见肘。

回到刚才你问我的那个问题，假设一个小镇青年看到这本书，我希望能够告诉他什么。

事实上，如果不考虑买房，一个人在北京年收入二三十万元且没有过于奢侈的消费，其实是可以过得舒服的。比方说花六七千块钱，你就能够租一套一居室自己住，甚至可以在地段很不错的地方，而且你不用被小地方的各种关系裹挟。

那你就要分析一下自己。如果你非常讨厌被小地方的那种人际关系裹挟，希望拥有更丰富的视野，那你可能是适合待在一线城市的。

还有呢，在三、四线城市，大多数工作其实是靠关系。当然优秀的人可以靠自己，但大多数还是靠关系。靠关系的工作，不管是国企人员、事业单位人员、公务员，收入的增长空间其实是比较有限的。但是在北京和上海这样的城市，收入的增长空间还是大的。

陈舒扬　所以你要清楚自己是哪种人，以及想要什么。

薛毅然　而且不能什么都想要。你看上了大城市的自由，看上了不被各种人际关系裹挟，又看上了小城市的安逸、稳定和舒适。你都想要，但可能吗？我们来想想怎么才能又安逸又稳定又自由呢？

自由和安逸，只能二选一　　　　　　　　　　　　　　　151

陈舒扬　在大城市的体制内工作？

薛毅然　我想起一个在北京某研究院工作的姑娘。她一直想跳出体制，找了我好几次，我一直劝她别折腾。因为她 30 多岁了，即便能找到其他工作，也要比她现在的工作辛苦，钱也会更少。

陈舒扬　她为什么不满意现在的工作？

薛毅然　简单说就是自己没有存在感，没有成就感。

陈舒扬　我想起一句话——一个人一定要在焦虑和无聊中选一个，他不可能既免于焦虑又免于无聊。

说回小镇青年这个话题。

之前说了我跟 Z 聊了共同认识的一些人，包括一个曾经玩得很不错的女同学。她也很早结婚了，生了二胎。因为第一胎是女儿，所以婆家让她生二胎。她有段时间压力很大，担心二胎还是女儿。她妈就说："如果还是女儿，你生下来后我们帮你带，你再生三胎。"这个同学听了很寒心。后面发生的事情，听了让人更压抑：因为二胎要生儿子，她怀过几次孕都打掉了，最后终于生了个儿子。但更让人寒心的是她老公家暴她，她回娘家跟爸妈说这件事，希望从他们那里得到支持，但他们说："你不要惹你老公。"

这个女同学的爸妈以前挺疼她的，但是在她结婚后，就是所谓的"嫁出去的女儿，泼出去的水"。这也是让我特别感慨的一点，我们这一代女性的总体地位还是这样。

这次听了 Z 讲的这些事情，我想到前些年意大利女小说家写的一部小说——《我的天才女友》。它后来还被拍成了电视剧，国内的视频网站也引进了，讲的是小地方的女性的经历。虽然它讲的是意大利的事情，但我觉得许多中国女性也有共鸣，就是小地方的女性几乎只有通过念书才能走出来。只有离开生长的环境，她才能避免被当地的社会环境吞噬。

就像你说的，在小地方找工作，包括各种发财致富的机会，很多要靠关系。

薛毅然　完全理解你说的这些。

我觉得女性想独立，还是要看自己是不是足够坚定。

H同学，

在上海工作，

有野心、有抱负。

讲一个学员的故事吧！我们就叫她 H 吧。

H 是一个在上海某新兴品牌快消品公司工作的姑娘，也是在某个小城市出生，结婚了，但是没多久就离婚了，原因是她觉得她老公太不上进了。这个姑娘是那种有野心、有抱负的人，她本来是想拽着她老公往前走，但她老公觉得你怎么有那么多想要的？现在的生活不挺好的吗？然后两个人越走越远，在还没离婚的时候就分居了，她自己搬出来租房子住。

H 跟我说自己有段时间特别焦虑，没有安全感。从她的父母包括老家亲戚的角度看，她在上海结婚了，挺好的，非得离婚，从有房子又变成没房子了。

我真的很佩服 H，她从那个时候开始每个月给父母两千块的零花钱，每次回家也是买这个、买那个，她的原话是要让爸妈觉得"我女儿是离了婚，但也混得很不错"。

这个女生还跟我说在老家那个地方，亲戚也很多，然后她就给爸妈买最新款的手机，用的都是亲戚里最好的，用她的话说就是"用钱把他们拍住"，让所有人没话说。这等于告诉所有人：我离了婚也可以过得很好。

这个女生找我做咨询的一年多后跳到了一家新公司，独立负责一个内部创新项目。这个项目非常有挑战性，她的特点一定是"爱拼才会赢"。

女性要独立，说到底是靠自己的勇气和定力。

我也遇到过不少女性，她们会选择比较稳定的工作，非常擅长把家庭各方面照顾得很好，自己各方面都挺优秀，但似乎并没有那么强的成就动机！和 H 同学的个性不同、追求不同、生活方式也不同，这没有什么好与不好的，重要的是想明白自己要什么，千万不要"既要又要还要"！不过，相较而言，有个性的女性在大城市更容易获得理解和支持，也更容易活出自我。

#重要的话#

- 在小城市、小地方，人情世故能够拎得清、玩得转，是混世界的"标配"。
- 有时候看清现实也是好的，少胡思乱想，踏踏实实过好当下的生活也是好事。
- 如果你非常讨厌被小地方的那种人际关系裹挟，希望拥有更丰富的视野，那你可能是适合待在一线城市的。
- 一个人一定要在焦虑和无聊中选一个，他不可能既免于焦虑又免于无聊。
- 女性要独立，说到底是靠自己的勇气和定力。

职场真话 8

可能没有人想PUA[1]你

---
1 指精神控制。——编者注

本章讨论的话题：

理性分析职场低气压成因

管理者如何管理自己的情绪

受到情绪伤害后如何自我疏解

为什么更有人情味的上下级关系变得少见了

真正的职场PUA是什么样的

本章案例：

在公司快速扩张期，因反抗"压迫"而被"悬挂"的技术团队负责人

薛毅然回忆自己被领导训

工作节奏越来越快，
大家越来越没耐心

陈舒扬　在一线城市中，成长期公司的中高层管理者的生存状

态是什么样的？

薛毅然　我还是先讲一个案例吧！

R，互联网公司技术总监，

做事认真负责，对事对人要求高，

拥有理工科思维。

最近有一位技术总监来找我。我们叫她 R 吧。R 在一家头部互联网公司工作，她的履历比较简单，也算是一直顺风顺水：国内一流高校毕业的硕士，毕业之后就进了一家比较大的 IT 公司工作，几年后跳到了这家互联网公司，一直做技术工作。

R 的特点是做事认真负责，对别人要求严，对自己要求更严。R 这个人有时会回避冲突，就是表面上比较好说话，但心里对人对事是有很多评判和苛求的，也比较理工科思维。

这种特点在技术岗位上没有太大影响，所以 R 一直发展得还不错。

但是后来出了状况。

R 在 2021 年被调到了新的业务条线上做技术负责人。她之前做过技术负责人，但是带的队伍不算很大，可能就 20 人左右。她现在带的这个新技术团队，由于公司业务正急速扩张，人数都达到三四百了。

她的这次工作变化是这条新业务线的老大敲定的。她和这位老大认识很久了，之前关系一直还不错。但是 R 来找我的时候说，她对业务老大有很多不满，甚至觉得他"变"了。我明显感觉到她很生气。

事情的起因是 R 所在公司的业务处在急速扩张中，她跟业务老大在工作上起了争执。比如业务老大跟她说什么系统不能停，哪些功能必须上，她说上不了，业务老大就说上不了也必须上。R 觉得业务老大现在变得刚愎自用，根本听不进去话。

在跟业务老大产生矛盾的过程中，R 自己也特别难受。有一

职场真话

段时间，她的情绪很低落，而且都写在了脸上。

估计业务老大也看到了这种情况，R后来被"悬挂"起来了，就是在R的上面安排了一个首席技术官。我们就称业务老大为A，相当于在A和R中间加了B，B有段时间做过R的领导，比R的年龄大一点。

我跟他们公司的一些高管比较熟，所以对他们公司的情况有所了解。你可以这么理解：当业务快速扩张的时候，作为业务老大的A，压力值是"爆表"的。就像在前线打仗的人，他已经杀红了眼，怎么可能心平气和地跟你讲道理？你说你干不了，他会跟你心平气和地说吗？

当时我就把这个道理跟R说了："你自己分析一下，A提出你认为不可能实现的需求，是他太刚愎自用还是'杀红了眼'？"

R想了一下，也觉得他应该是杀红了眼。

我跟R说这个时候A希望所有人都是"坦克"，他给你下了任务书，结果你说不行，他肯定生气。

A恨不得你立刻变"坦克"，但你其实像"地铁"，交给你一件需要平稳运行的事情，你可以做得很好，但问题是你变不成"坦克"。A这个时候让B进来，是因为B扛得住，换了我也会要B来支持整个业务团队。

当然，说这个话是因为后来我们聊得比较轻松，我开了个玩笑。

我最后给她梳理了这么几点：

首先，A 对她的否定并不是全面否定，因为 A 在整个过程中其实给她留足了面子，包括 B 也很给她面子。只要是 R 之前的手下，B 从来不会越过她去沟通；B 只是对整个技术团队根据产品线、业务线进行了拆分，让 R 负责其中一部分，而不是之前的全部。

我还让 R 理解她是一个对自己有高标准的人，因此当她觉得"我不觉得自己错在哪里"，但是业务老大对她不满意的时候，她会想不通。她的工作方式和团队管理方式，并不能满足公司现在的发展需要。

其次就是处理自己的心理落差。以前她是整个技术团队的负责人，她觉得自己在这个牌桌上是很重要的角色，现在她会觉得自己好像一个旁观者，被边缘化了。我就跟她开玩笑说："过去你也没那么重要，你只是放大了自己过去的重要性。说难听点，我们都是群众演员，别太把自己当回事，轻松一点。"

这么帮她梳理，我觉得她舒服了一些。因为我不认为她现在换工作是个好选择，所以整个咨询相当于给她调整状态。

陈舒扬　所以说压力的源头是外部竞争？

薛毅然　我觉得分为两大类，一类是业务处于快速发展中，在业务压力下，人们会出现各种摩擦和情绪问题。R 这个例子就属于这种情况。

还有一类是业务处于平稳运行中，在内部竞争的压力下，大家的情绪出问题了。

不管是大公司还是各种各样的小公司，只要处于业务快速发展阶段，都会出现第一类情况。

我记得有一本书是《蓝海战略》，讲公司怎么找到新的业务增长点，不用在红海中拼死挣扎。很多年前大家读这本书的时候，觉得心潮澎湃，都想去找蓝海。

事实上，经过这么多年的管理咨询工作，我看到各行各业的大多数企业还是在红海中拼杀。

而且，互联网让信息传播变得如此快速，任何商业信息都很容易被获取，大家其实都在抢市场、抢先机。在这种情况下，更强势的公司、斗志十足的公司、在商业世界里攻城略地的公司更能存活下来。所以我会用"杀红了眼"的比喻，这个比喻可能不太恰当，但基本上大家都处于战斗时的紧绷状态，一切需要快速响应、快速决策、快速实施，并且在实施过程中可能还会有新的情况出现，又要去应对，人就处于极度紧绷的状态。

咱们之前也说过，越来越多的人很难分清楚什么时候是工作时间，什么时候是休息时间。在这种状态下，人没有办法跟压力进行有效隔离。如果一个人定力不够，扰动他的信息又太多，他的状态就会高度紧绷。

结果就是大家一点点耐心都没有，情绪非常容易爆发。

在工作中，很多事情是要大家协作完成的。比如说中高层管理人员说了一件事，他觉得下面的人应该马上去办，如果不能马上响应，那发出需求或者指令的人可能会觉得忍无可忍了。

我的一个朋友经常跟我抱怨下属有多不给力，我跟她说：
"你不知道你身上全是小刺儿。你运行速度不快的话还好，只会
给身边的人造成一点点刮伤，一旦你运行速度很快，就会刮伤一
大片。"

上级与下级沟通时，上级说了半句下级就秒懂是很幸运的情
况，大部分时候不是这样的。如果你遇到的下属有自己的想法，
但你非要把自己的想法"塞"到他的脑子里，那双方多少会出现
些情绪上的问题。

一个员工在做自己的事情，领导突然给他一个新任务，他可
能也会有情绪。人和人不一样，我在很多年前就发现人是有"硬
切换"和"软切换"之分的。举个最简单的例子，比如说睡觉，
有的人还没睡醒就被叫起来会很生气；再比如说一个人在看书，
此时有人打电话，那他接这个电话的时候就会很暴躁。的确有这
么一种人，被打断之后要好久才能缓过来，甚至没有办法快速切
换注意力。

"硬切换"和"软切换"，有点像盖洛普里的"统筹"和
"专注"。"统筹"在前的人，可以多项目并行，被打断也不感到
难受；如果"专注"在前，这样的人习惯一个时间盯着一个任
务，被打断时他会很难受，也会有情绪。

我觉得还有一个原因就是我们被各种互联网服务驯化得没耐
心，不愿意等待。比如说我打了车，那我会在车还有一分钟到楼
下的时候下楼，绝不会提前在那里等。大家以前怎么可能这样？
在路边招手打车，等个十几分钟是常事。

职场真话

刚才讲的这些因素，让我们处在一种比以前紧绷得多的状态中。在这种状态中，有的人可能就极度没有耐心，说话很冲、很伤人；有的人会压抑情绪，但就是扛着，不表现出来。这种人比较容易出现身体症状，比如我们经常听到某个人压力大到胃痛，或者在某个场景下情绪失控。

内部竞争产生的压力，则完全是另一种情况。

我也做过很多事业单位、传统大国企的咨询项目。跟那些业务快速发展、竞争压力很大的公司相比，你可以说它们是一潭死水，但是死水下面也暗流涌动。

很多年前，我当时的老板跟我讲过一个道理：即使你管理的团队——我当时管人力和行政团队——不是很忙，你也要找事情给他们做。因为有事做了，人就不会瞎想。如果赶到特别忙的时候，要想办法让大家别那么紧绷着，有些弹性。

在那种环境下，人的紧绷是另一种紧绷：一个人说的每句话都有可能变成证据或者其他东西传到别人那里，人人都在担心自己说错话、做错事。

可以打这么一个比方，在一个特别小的操场上，大家正在做广播体操，所有人的动作都是拘束的，其中有人不小心打了一下别人的手，他马上缩回来，然后他会变得更紧张。

在比较固化的体系里面，机会并不多，如果一个人还想往上走，那他在跟别人打交道的过程中，就会变得更小心谨慎，想要做到不授人以柄、不授人口实。这种环境里的压力，就像"走钢丝"的那种压力。

陈舒扬　我感觉有的人在紧张和压力的状态下会越来越亢奋，特别是从事脑力工作的人，很容易亢奋。外表看是"工作狂"，但是大脑一亢奋，人就未必理智。

薛毅然　其实这也可能是贪婪。你说这个也让我想到自己，比如我说很享受自己的工作，但是这种享受的背后是什么呢？也是想要更多。

　　我把每一个来咨询的人看成我的案例，有特别不一样工作背景的人能让我感到兴奋。我的这种收集案例的爱好，可能也是一种贪婪。我也会反省自己：即便喜欢，是不是也应该有个合适的节奏？

在人情味浓的慢时代，
管理者更懂"批评"的艺术

陈舒扬　某次聊天的时候我们讲到员工感觉自己被职场 PUA 了，大部分时候是因为领导说话不好听，员工感觉感情被伤害了。其实所谓职场 PUA，核心是不是沟通管理和情绪管理的问题？

薛毅然　我首先想到一件事。也就是前几天，我在刷朋友圈的时候看到一个做心理咨询师的微信好友说："很多父母在孩子吵闹的时候会吼孩子，小时候被父母吼过、打过的孩子，现在成了我的来访者。"这些话的意思是原生家庭对一个人的影响很大。

陈舒扬　也有的人说小时候被打过，长大后反而会皮实一点。

薛毅然　我觉得也不一定。这跟孩子的个性有关。我的一个朋友说自己小时候经常被她爸打，因为她实在是太淘气了。她是个女孩，但她爸照样打，但这对她来说也不是什么童年阴影。

我只能说，每一种行为所带来的后果都是复杂的。

但我想说的是，很多 60 后、70 后在小时候几乎都挨过父母的打，有的调皮男生甚至还挨过老师的打。当然这种行为放在现在肯定是不行的。

我小时候也挺调皮的，虽然没被打过，但被骂过不少。比如上自习总喜欢说话，我经常会被老师点名批评："薛毅然，就你在说话。"考试成绩出来的时候，老师也经常会说我："你是不会这道题吗？讲了这么多次还写错？"但是我能够感受到，老师说我其实还是因为喜欢我。我从小在这种环境中长大，到了单位，如果领导说我，我甚至会把这理解成领导重视我。现在回想起来以前的某个领导，我还会觉得他对我的劝导真是苦口婆心。

陈舒扬　你们还是会把领导当成导师。

薛毅然　对，甚至是家长、兄长。

　　而且他们对你的批评、教育，真的是发自肺腑的。因为我们小时候对一句话特别熟悉，叫"打是亲，骂是爱"。

　　比如说我研究生毕业后进了一家民营公司，在那家公司，我闹过一次离职，原因就不说了。现在想想就是太年轻，对某些人、某些事容不下，算是眼里不能揉沙子吧！我记得非常清楚，我把辞职报告交给老板，老板瞟了一眼，还没打开就说："拿回去吧。我不是没跟你说过，X 总在咱们公司，我也没办法，但不会待太久，你跟他置这个气干吗？！"

　　再比如说我跟其他同事产生冲突了，领导会跟我说："小薛啊，我知道你在坚持原则，但是你坚持原则时能不能有一些更好的方法？或者说你在会议室跟他吵架是不是不合适？你有没有更好的方式去处理这件事？"

　　也有很多人说特别希望回到那个"慢"的时代，现在我们靠微信交流是更方便了，但也有不对劲的地方。以前有个什么事，就算不能当面说，我们还会写一封信，我觉得这可能还是人类正常沟通时应该有的一种状态。

　　现在的很多互联网公司，比如在近几年里快速成长起来的互联网公司中，管理层也相当年轻，这些人没有像我们当年那样，在一个相对慢节奏的时代被更加温和、人性化地对待过。这带来的影响就是人际关系没有弹性，或者说人们不知道怎么处理冲突，没有时间，也没有耐心。

　　我经常说冲突不可怕，如果冲突被很好地解决了，它甚至能够给你带来更好的合作。问题是现在一冲突，问题就升级。

我们以前说做思想政治工作，现在不兴这个了。但所谓的思想政治工作，就是我们现在说的管理。在过去的公司或者说团队中，大家平时因为着急产生一些冲突，可能是在酒桌上化解的。

陈舒扬　你说的这种更有人情味的上下级关系，我可以理解，但也不是说现在完全消失了。可能就像你说的，节奏太快的时候，人就没有耐心了。

薛毅然

还有一件很有意思的事情。我看过一个数据，说现在的人均工位面积相比于以前，减少了50%。

我在那家民营公司工作的时候，公司曾请一个香港人来设计办公室。当时的设计是每位中高层管理人员有一个独立的小办公室，外面是普通员工的办公区，整个施工空间是一边有窗户一边没有窗户的。那个香港设计师跟我们说，有窗户的一边一定要留给普通员工，中高层管理者的办公室都放在没有窗户的一边。

就是说给员工一个舒适的工作环境，很重要。

当时普通员工的工位也跟现在的很不一样。现在很多互联网公司的工位就是横着一排，一个连着一个，但我们当时的工位是拐弯儿的，就是4个工位围成一个圈，中间有隔板，而且每个工位的面积足够大。

这样的话，每个人还是有空间上的独立感的。假设同事有什么事找你，可以直接拉把椅子坐到你的工位旁边，两人小声一点说话，甚至开个小会都没问题，也不太会影响周围的人。

陈舒扬　的确，现在的互联网公司主要是那种排排坐的工位，谁要是有什么事情找同事商量，要么直接喊话，大家都能听得到的那种；要么就是你们单独约一个小地方。但是现在的公司可能会议室的使用情况都很紧张，想找空闲的很难。

所以就是说，不仅从时间上来看大家的节奏很快，而且从物理空间上来说大家也有种局促感。

但是，这好像就是互联网公司的空间文化。我记得互联网公司刚兴起的时候，人们觉得这种空间代表高效和自由开放。

薛毅然　就像你刚才说的那样，大家要商量什么事情时就直接喊话，比如说 A 同事和 B 同事在大声说话，所有人必须听，这没办法。

每个人都在这个空间里头贡献正面或者负面的情绪，但是情绪这种东西是一种能量。在这种情况下，有的人可能会控制自己说话的方式，但是这种控制本身也是在消耗能量的；有的人可能不那么注意控制，就容易说出有杀伤力的话。

以前我们经常讲如果一个人在办公室里有了情绪，可以先去找一个封闭的空间，自己待一会儿，让自己平静下来。这是为了不让自己的情绪"传染"出去，因为那样对自己、对别人都不好。

陈舒扬　情绪不好的时候，去卫生间痛哭一场也可以，不过还是会被隔壁的同事听到。

管理者的情绪管理能力
需要刻意训练

陈舒扬　刚才说了在这种紧绷的工作环境中人们容易产生情绪，有了情绪也容易使冲突升级，那怎么办呢？

薛毅然　我有一个很熟的朋友，在公司里头，别人都觉得她咄咄逼人，她觉得自己只是在"澄清客观事实"。但是在这个过程中，别人感受到的是情绪伤害。

我经常劝她："就算你有理，那你能不能通过更好的方式说出来？"

老板有老板的压力，中层有中层的压力，但是在承受压力的过程中，情绪也不是非得爆发的，不用非得"甩"给下边。

我觉得所有老板都应该有个好的心理咨询师，去定期做咨询。心理咨询师未必能解决他们的难题，但可能是一个宣泄、释放情绪的出口。

陈舒扬　这就是为什么会出现教练这个行业？

薛毅然　对。说到找心理咨询师，有的人可能未必接受，因为他们不愿说自己的心理有什么问题。如果说找教练聊一聊，情况就会好一点。

作为管理者，情绪管理和人际关系方面的技能都是需要训练的，除了那种天生特别擅长情绪管理和处理人际关系的人。大部分人都需要训练。

为什么我之前说思想政治工作很重要？举个例子，军队里既要有带兵打仗的，也要有政委，这是因为带兵打仗的人一定是火气比较大的，政委其实是起到了"减震"的作用。

管理者不要认为自己知道如何带兵打仗就行了，有些能力还是需要去训练的。

陈舒扬　就是说管理者既要当将军也要当政委？

薛毅然　对。你想将军是火气大的，政委又要"减震"，所以管理者最基本要做到的还是控制住自己的情绪。因为管理者的情绪一旦爆发，就是"横扫一片"。

当你觉察到自己的情绪要爆发时，不管正在做什么，哪怕是开会，你也要停一下，坦诚地承认自己状态不好也可以，然后把眼前的事情搁置一下，走出去调整一下情绪。就好像一台机器出了故障，那你就不能再让它运转了吧？当你感觉到情绪明显出问题的时候，就尽量不让自己再说话了。

陈舒扬　有的时候人们会说某某就是这么一个人，就是脾气暴。这句话的意思是，如果你是这个人的下属，你要理解领导就是这样的性格，习惯就好了。

薛毅然　我觉得表达情绪后要安抚人心。作为管理者，要有这种意识，就是我今天发了脾气，那第二天中午我请大家吃个饭，赔个罪。这是为了让大家知道我心里是有大家的，而不是觉得大家承受自己的脾气是应该的。这样做还有一个好处，就是我下次发脾气时，大家不会那么抵触。哈哈。

　　还有一点特别重要——作为管理者，你要清楚地知道自己的边界和雷区，在选人的时候就要避开自己的雷区。

　　另外，管理者如果觉得自己情绪不好的状态持续了一段时间，那真的要借助一些外力帮自己调整，比如找教练或者做长期的心理辅导。

职场中被伤害，
可能是被别人的情绪"溅了一身泥水"

陈舒扬　之前你说很多员工感到被 PUA，其实不是老板真的在 PUA 员工，而是员工感到自己的情感被伤害了。

　　这种伤害，也是事实！而且有的时候真的蛮严重的。我的一个朋友说有一段时间，她真的是每天晚上失眠，状态非常糟，原因就是公司领导总是否定她的工作，她交上去的东西经常被打回来。她辛辛苦苦揣测领导的意思，做出一个东西，却屡屡被否定，她就陷入了很深的自我怀疑。她老公看到她这种状态，强烈建议她辞职，但她最后还是没有辞职，因为她觉得能进那家公司不容易，而且也想证明一下自己。

薛毅然　那你觉得她的领导是在发泄情绪，还是就像一个严厉的老师，希望她表现得更好？

陈舒扬　我觉得应该是后者，但是也不能说这里面没有情绪。很多东西是混在一起的。

　　我觉得工作中存在身份的错位和尴尬。如果用现代商业社会的逻辑来说，我是员工，我拿这份钱，就干这份工作，但是员工和领导有的时候的确存在师徒关系。

　　我觉得既然管理者决定招一个人进来，就应该给对方一定程度的认可和信任，不能招进来后又让对方觉得自己一无是处。如果说想把对方当徒弟一样去带，不是不可以，但要给对方明确的预期，比如说告诉对方在哪些方面还不行，需要学习。在这个阶段也要给对方犯错的空间，而不是用胜任这份工作的标准去要求对方。

薛毅然　其实在领导力培训中，我们经常会说到"三明治反馈法"，就是领导在反馈下属的工作时一定要先说优点，再说不足，最后肯定一下。如果按照这个方法，中间的批评是不是就容易被接受了？

主流的管理学都是教育管理者这么跟下属沟通的，但是现在因为时间紧啊，因为忙啊，这些方法都没有了。而且大家会把这些当成套路。实际上，你做成套路，那就是套路；你不做成套路，那就不是套路。对人的评价也好，对工作成果的期待也好，本来就要做到尽量客观，不是吗？

如果管理者和员工之间是"无限游戏"，那彼此就应该拿出更多的时间去磨合。我之前陪客户去德国，他们那家公司并不大，但真的是百年企业，父亲和孩子都是这家公司的员工。那你说在这样的公司，管理者会对下属没有耐心吗？

但现在我们的大环境更像"我用你不爽，你就走人；我干得不爽，我就拍屁股走人"。

陈舒扬　那么说回个人的情绪管理。作为普通员工，如果感觉自己在情感上被伤害了，该怎么调节呢？

薛毅然　每个人有情绪的时候，都觉得是别人惹了自己，但我一般会跟大家说可以把情绪看成一种"客观存在"。

打这么一个比方，你在刚下完雨的马路上走，经过一个水坑，恰好此时来了一辆车，车驶过时连泥带水全都溅到了你的身上，那你怎么办？

你当下一定是生气的，对吧？你可能想骂人，但你也可能想人家不是故意的，估计没注意到那儿有一个水坑，吵一架也于事无补，所以你忍了，就怪自己运气不好，只能回家洗衣服。

　　在职场里，你也有被别人的情绪"溅了一身泥水"的时候。

　　首先，你要吸取教训，离"水坑"远一点。比如你判断领导就是那种情绪容易高频爆发的人，那你就不要在他情绪不太好的时候找他说事。或者你面试的时候就识别出这样的领导，问问自己在他手下能不能待下去。

　　其次，你要认识到一个施虐者的背后一定有一个受虐者的存在。如果你仔细观察会发现，在一个组织里头，有些领导的情绪其实是有针对性地释放的。比如有些小伙伴非常顺从和乖巧，那有的人就会拣软柿子捏。情绪这东西，就像水往低处流，如果一个人过于顺从，觉得别人说什么都对，错的总是自己，那别人有不好的情绪自然会甩到那个人那里去。

　　如果你感受到领导的情绪垃圾总是在向自己倾倒，你就要想想自己平时是不是表现得太顺从了。

　　如果真的躲不开呢，其实也不妨反击。有些人担心反击之后会被持续地"穿小鞋"，那你就要问问自己，如果被"穿小鞋"到受不了，你有没有拍桌子走人的底气。可能反击之后，结果也没有你想象的那么差。

　　不要怕，你越怕越容易成为受害者。

　　再次，你要知道有时领导出现情绪是没什么原因的，可能他就是没人味儿，可能他就是脾气特别暴躁，人世间就是会有各种各样的人。那你就想想被溅一身水的那个例子，你可以跟自己说："哦，我运气不好，又被溅了一身水。"

陈舒扬　"被溅一身水"，这个比喻特别形象。把情绪当作客观存在之后，人就不太会被卷进情绪中了。

薛毅然　我还从别人那里听来一个说法。我跟一个女性朋友在讨论情绪管理这个问题的时候，她老公在一边说："你们没有'金刚防护罩'吗？"

我觉得"金刚防护罩"这个说法也特别形象。我们作为一个人，不能裸着就出门了，那对一些评价，我们也同样需要隔开，不听、不当回事。这也是一种修炼。

最后就是你真的要学会求助于外部。比如我之前说的做技术总监的那位伙伴，她从我这里做完咨询之后说很多事情想明白了。有的人有什么不痛快，只要找人倾诉就完事了。如果一时找不到可以倾诉的人，那你就找专业人士聊一聊，不管是心理咨询还是职业咨询。

对了，我还想到一点，就是领导发脾气有的时候是策略性的，他并不是情绪不受控，而是故意的，他就是发脾气给别人看。比方说员工犯了一个错误，影响到公司了，有的领导知道严厉批评于事无补，但是他也会严厉批评。因为不批评的话，别人会觉得他处事不公。但是他批评你批评得再厉害，未必是彻底否定你。如果你能够认识到领导批评人是有策略性的因素在，或许你可以少受一些伤。

真正动机层面的职场PUA，
要特别警惕

陈舒扬　还有一个问题，真正的职场 PUA 是什么样子的？

薛毅然　我觉得这可以分成动机层面的职场 PUA 和行为层面的职场 PUA。

就我的观察而言，我觉得真正的动机层面的职场 PUA，就是"我要让一个人觉得他什么都不是"或者"他是靠我才有今天的这碗饭吃，他离开我就什么也不是"，即通过贬低对方自尊的方式让对方跟随他。

在很多年前，我和一个朋友一块儿喝茶聊天，他跟我讲了一个词叫作"熬鹰"。如果要养一只鹰，一定不能让它睡觉，因为鹰在极度疲惫的状态下，会在大脑中形成某些记忆的回路，那样你就能驯服它。

我觉得动机层面的职场 PUA 跟熬鹰很像，目的是驯服。如果一个人在工作中被多次批评，做什么事情都得不到正反馈，感觉自己一无是处，自我价值感极低，情绪长期低落，一定要想办法调整，找身边的朋友或心理咨询师，把这些说出来。说本身就是在向外界求助。

就算无法确认对方是否存在动机层面的 PUA，你也一样可以向外界求助。别人的视角，能帮你走出来，甚至可以帮你分析清楚自己到底遇到什么样的情况。

但很多人在职场中遇到的 PUA 并不是动机层面上的，毕竟在当下的职场，谁离了谁都可以活。只不过，上司不理性、不克制的行为，有的时候也造成了类似 PUA 的伤害。比如领导经常否定下属，下属被训得认为自己毫无价值，但可能只是因为这个领导很挑剔，或者他在大领导那里吃了闭门羹或者被批，再把火发到下属身上。

虽然现在很流行说职场 PUA，但我觉得在互联网时代，职场环境其实变好了一些，原因就是做什么事情更容易被曝光了，作恶的成本变得更高。

信息变得更透明之后，不作恶真的成了底线。

#重要的话#

- 互联网让信息传播变得如此快速，任何商业信息都很容易被获取，大家都在抢市场、抢先机。在这种情况下，更强势的公司、斗志十足的公司、在商业世界里攻城略地的公司更能存活下来。

- 大家都出于战斗时的紧绷状态，一切需要快速响应、快速决策、快速实施，并且在实施过程中可能还会有新的情况出现，又要去应对，人就处于极度紧绷的状态。结果就是大家连一点点耐心都没有，情绪非常容易爆发。

- 现在的很多互联网公司，比如在近几年里快速成长起来的互联网公司中，管理层也相当年轻，这些人没有像我们当年那样，在一个相对慢节奏的时代被更加温和、人性化地对待过。这带来的影响就是人际关系没有弹性，或者说不知道怎么处理冲突，没有时间，也没有耐心。

- 如果一个人在办公室里有了情绪，可以先去找一个封闭的空间，自己待一会儿，让自己平静下来。这是为了不让自己的情绪"传染"出去，因为那样对自己、对别人都不好。

- 军队里既要有带兵打仗的，也要有政委，这是因为带兵打仗的人一定是火气比较大的，政委其实是起到了"减震"的作用。管理者不要认为自己知道如何带兵打仗就行了。

- 管理者最基本要做到的还是控制住自己的情绪。因为管理者的情绪一旦爆发，就是"横扫一片"。

- 真正的动机层面的职场PUA，就是"我要让一个人觉得他什么都不是"或者"他是靠我才有今天的这碗饭吃，他离开我就什么也不是"，即通过贬低对方自尊的方式让对方跟随他。

职场真话 9

自由职业，
更不容易

本章讨论的话题：

自由职业路径大体可以分为哪几种

心理咨询是一个好的自由职业赛道吗

职场人应该尝试自由职业吗

自由职业者需要哪些能力，如何自我培养

无业人士的真实生活状态

本章案例：

企业内训师转型为独立讲师

赶上几波自媒体红利的业余摄影师

军人出身的小伙子成功靠自媒体养家

薛毅然的自由职业之路

主动失业两年后又想回到职场的全职妈妈

一直在寻找"能调动起自己激情"的工作的男生

没有经济压力却过得很难受的赋闲青年

自由职业者，有三种典型

陈舒扬　我们这次来谈自由职业。你就是一个自由职业者，那你觉得自由职业这条路好走吗？你见过的成功的和不太成功的自由职业者案例是什么样的？

薛毅然　我先讲三个案例，代表我见过的三种比较典型的自由职业者。

S先生，独立讲师，

原外企内训师，

后独立创业。

第一种很典型的自由职业者是独立讲师，以我认识的 S 先生为例，他从企业内训师转成了独立讲师。S 先生最早在一家外企做大客户销售，因为做得比较好转到了公司的内部培训部门，做销售管理的相关培训工作。他出来单干之前已经做了很多年讲师。大概是在 2016 年，他从外企出来自己干了。到 2017 年我遇到他的时候，他已经做了一年的独立讲师，第一年的收入就破百万了。

他当时跟我说，对自己的状态还挺满意，一年会出差多少天，讲的东西也是自己喜欢且熟悉的，唯一不太好的地方就是总是一个人，没团队、没伙伴，自己总有点儿没着没落的感觉。

这一类独立讲师特别典型，主要是在 20 世纪 70 年代和 80 年代初出生的人，从外企出来的特别多。他们以前在企业里讲课，后来独自出来讲课，其实就是过往工作经验的平移。

第二种很典型的自由职业者是钢琴老师、音乐老师、羽毛球教练。我认识的一位钢琴老师一开始也是通过一些中介平台接一些教学生的活儿，同时在一个幼儿园里兼职做钢琴老师。慢慢地，口碑积累起来了，她就自己单干了，在家里专门设了一个琴房，学员安排得很满，寒暑假的时候可能还会有钢琴考级的集训。

这一种自由职业者相当于有一门手艺，就靠这门手艺吃饭。

小T，摄影师，

摄影课程、抖音运营课程老师，

赶上了互联网红利期。

第三种自由职业者是自己的兴趣加上赶上了互联网前几波的红利，典型的例子就是我认识的一位摄影师。他本来在一家培训机构做市场营销，业余爱好是摄影。我们知道摄影师很多时候会跟一些平台签约，把作品版权卖给这些平台，一开始他也是这样，后来知识付费兴起的时候，他开发了一门线上课程——教人如何用手机摄影。这门课卖得很不错，后来他又开始玩抖音，属于玩得很早的一批人，他又开发了一些跟抖音运营有关的线上课程，可以理解成教人怎么运营抖音账号。

这个例子跟前面两个例子其实是不太一样的，这种情况属于把爱好变成职业，并且他每次都找准了风口，一直在做业务的延展。

这三种情况，或者说三个例子，相较而言，我更看好第三个。因为我觉得它更有生命力，就像一家企业不仅要有主营业务，也要不断拓展新业务。

陈舒扬　有没有想做自由职业者但不太成功的案例？

薛毅然　有很多。我见过不少人，可以说还走在探索自由职业的路上。

比如说做心理咨询师，我身边有很多做得很好的心理咨询师，他们有稳定的客源，但是也有做得不太好的。再比如有很多人学了职业生涯规划课程或者教练技术，希望给别人做咨询，但很多人做得不太成功，或者说目前还不太成功。

心理咨询、职业规划、教练，这是我身边想做自由职业的人常选的方向，但在这三个方向之中有很多不那么成功的例子。比如我们之前聊过的三、四线城市的银行柜员想转型成职业生涯规划师，但自己所在的城市对其需求太少。

再比如我认识的一个北京女孩，之前是做人力资源工作的，她非常向往自由职业，就去学了职业生涯规划，还考了心理咨询师，然后就把工作辞了，开始做职业生涯咨询。大概做了六个月的时间，因为收入很不稳定，她异常焦虑，这个时候猎头向她推荐了一个人力资源岗位，她又在纠结要不要回公司工作。

我的感觉是，无论是心理咨询还是职业生涯咨询，在市面上有点供过于求了。

这里面有一个有趣的"销售策略"，某些做职业生涯规划培训的公司会宣传不管你是自己在职业发展上遇到问题，还是想成为职业生涯规划师，都可以学我们的课，以后你不仅可以搞明白自己的问题，还能把这个当副业，给别人做咨询。这样一来，去考职业生涯规划证书的人就非常多，但是职业生涯咨询的效果是很难去衡量的，包括我自己做咨询时。有时候我会发现自己很难真切地帮到客户，因为职业规划要考虑的因素太多了。比如说一位 35 岁的女士通过微信公众号找到我，想问问自己的职业发展，我一看她的简历就知道很难规划。我能做的也许就是帮她挖掘一下看能否培养一个副业，但副业变现也很难。

再说心理咨询。相较于职业咨询，心理咨询有更高的"风险"。因为很多人没有办法把自己的内心交付给一个只有证书的人，所以做心理咨询时，经验的积累就非常重要。很多人在正式接业务之前会参加一些公益性质的心理辅导或者团体辅导项目，积累实践的小时数。也就是说，成为心理咨询师的投入成本和准备时间会更大、更长。

自由职业的范围其实非常广。我觉得或许有一种两分法：一种是我就干自己的专业，比如钢琴老师；另一种是哪里有机会，我就干什么。

比方说很多自由职业者靠写作谋生，有的是自己喜欢写以及在某个领域有积累，然后赶上了自媒体红利期，成为知乎大 V 或其他平台的大 V。很多人看到这种成功的模式后就开始"养号"，公众号也好，抖音号也好，发布内容已经单纯地成为一种商业行为。这两类人看起来都是在创作内容，但分别属于我之前说的两种情况。

小U，退役军人，

爱好文字，

转型自媒体人。

　　找我做咨询的人里面，有一个靠写作成为自由职业者且还算成功的案例。那是军队里的一个小伙子，在2018年1月来找我。他找我的时候还在服兵役，跟我说他在2018年下半年就要退役了，他这种情况退役，要么拿到一笔钱，要么接受安置的工作。但安置的工作也是像保安之类的，他不想干。他当时跟我说对自己有比较高的要求，战友都在打游戏、刷视频，但是他喜欢看书。

　　我发现他还是有一点文字爱好和功底的。我当时跟他说："你离退役还有差不多一年的时间，那你就写东西，然后全平台分发，不仅在知乎上发，也在公众号上发。"在我的印象中，他曾经在知乎上写了关于自我成长的学习书单和整理了相关资料，点赞、收藏量很高。

　　因为他花时间做过这些事，所以他在退役后找到了上海一家公司的新媒体运营工作。

　　他在上海工作了不到一年，上班时也在"养"着自己的号。大概是2019年下半年，他决定回老家，彻底成为一个自媒体人，有的时候给别人供稿，有的时候接广告。2020年，他给我留言说自己目前的状态挺好的，结婚了，也有宝宝了，每个月的收入稳定在一两万元，在当地的生活还算不错，可以说比在上海打工时收入高，而且比较自由，有时间陪家人。

他可能算不上大 V，但是也运转起来了，足够养活自己甚至家庭了。

不过我觉得如果一个人现在想通过"养号"去实现自由职业，可能更难了。

陈舒扬　我觉得红利期的确是一波一波的，微信号是一波，抖音是一波，未来会不会有新的，谁也不知道。其实更早的时候也有，那时智能手机没普及，大家主要通过电脑上网，我感觉也是有很多人在做类似的事情。只不过以前大家在研究搜索引擎优化，现在可能要去研究什么内容的点击量更高、能被算法推荐。

薛毅然　这里面的确是有套路的。任何一个东西，只要把它变得商业化，里头都是有套路的，就看你能不能通过学习别人的套路，实现快速变现。但是我还是觉得，现在这个市场的供给有点多了。

陈舒扬　因为门槛不高？

薛毅然　有这个原因，而且我觉得它不像心理咨询那样是刚需。

陈舒扬　你为什么觉得心理咨询是刚需？我觉得别的东西是可以代替心理咨询的，比如说找朋友聊天。

薛毅然　咱们举个例子，你小时候上过什么辅导班吗？没有吧？你去问问现在北京的孩子，从上小学开始，谁没上过辅导班？

陈舒扬　也就是说，你觉得心理咨询在未来会是非常大众的消费方式。95 后、00 后以及更晚出生的，他们可能会觉得是个人就得有一位心理咨询师，这个市场就会变得非常大。

薛毅然　对。

现在大家都讲压力管理、情绪管理，有的人有点什么事，确实找人倾诉一下就好了。你说可以找闺密，但是假设有一个 30 多岁的单身女性，她身边的人都结婚了、有娃了，她可能想找人聊天也找不到合适的。再比如她跟一个 40 多岁的男人有一些情感纠葛，但她不想跟认识的人讲，那她很有可能会去找心理咨询师。

陈舒扬　那你认为现在的心理咨询市场好做吗？

薛毅然　不好做。虽然我觉得这是个趋势，但是趋势变成真正的需求，还需要一个过程。

还有一个问题是心理咨询是一种很重视体验的服务，来访者的体验可能会决定这个行业未来能发展到什么程度。假设一个人第一次去做心理咨询，体验不好的话，他可能以后再也不想做了，甚至可能会告诉朋友不要去做心理咨询。如果来访者的体验好，他可能不仅自己会继续做心理咨询，还会推荐其他人去做。

我感觉到的一个趋势是针对青春期的心理咨询会越来越多。现在处于青春期的孩子，出问题的比例很高，开始出现抑郁低龄化。

为什么人的心理问题越来越多呢？我总结出两个原因，一个原因是现在的人基本不做什么体力劳动了。当人不从事体力劳动的时候，大脑的"思考垃圾"就会越来越多。"思考垃圾"是我发明的一个词。另一个原因是，比起我们这一代，现在年轻人所面对的贫富差距、社会压力和各种比较带来的挫败感更强。

不过我对心理咨询行业的了解不算特别多，只是知道市面上有各种各样的认证考试，到底哪一个证书更有权威性，哪一个平台更容易获得案例积累，大家还要多去了解。

做自由职业约等于创业

陈舒扬　自由职业真的是趋势吗？

薛毅然　我认为它未必是趋势，但可以把它当作一种可能性。

原因是现在的职场真的特别难混。我真的不知道85后是否可以在公司干到退休。在体制内还好，非体制内的，我觉得不乐观。我建议大家把自由职业当成一个选项，或者说为未来留一条路，不要觉得现在有班上就可以保证一辈子稳定。

自由职业最吸引人的地方，不是说有多自由。做了这么多年自由职业，我非常清楚自己的时间都是跟着客户走的。做自由职业，对自我管理、时间管理的要求，要比上班高得多。

那自由职业最吸引人的地方是什么呢？是你一旦找到自己喜欢做的事情，你可能真的会很开心。

而且我发现不管是个人还是企业，大家现在越来越能接受购买某个人提供的服务。在2000年，我硕士毕业的时候，没有几家公司会觉得自己的某个活儿可以外包给外面的某一个人，但现在不一样了。比如我给一些公司做管理咨询，人家找到我就是因为信任我这个人。现在个人也更愿意购买一些服务，比如花钱做个心理咨询、职业咨询是很正常的事情。比如说前两天我女儿买了一位独立设计师设计的手机壳，那个东西一看就知道不是量产的。越来越多的人愿意为所谓的独立品牌、个人品牌买单。

不过我还是要提醒一下大家，这条路不那么容易走。

陈舒扬　如果一个人想做自由职业，你觉得他可能需要接受哪些方面的教育？如果要你来设计一个类似"如何成为自由职业者"的训练营，你觉得哪些板块的知识是有必要讲的？

薛毅然　自由职业就是某种形式的创业，有点像个体户。

自由职业者要干的事情跟创业者很像，我觉得大概有这么几个板块：产品研发／产品设计、渠道、流量、运营、品牌打造。

先说说产品研发。这里说的产品不一定是可见的产品。比如说同样是做心理咨询，但我的产品研发或设计可能和别人的不太一样：我去学了积极心理学的课程，又去学了教练技术或者其他的什么东西，然后我就把这些技术作为自己服务的特点。就好比大家都在生产矿泉水，但是我的矿泉水可能主打给孕妇或者小宝宝喝。产品设计如果往前推会涉及用户定位、用户需求分析、市场调研、用户研究。

开始做自由职业的时候，有的人的出发点是认为别人需要这个，所以想去做，但是别人真的需要吗？或者说别人即便有这个需求，他是不是可以用其他方式满足自己？

还是以我自己为例，我当时去做 To C 服务就在想：我作为一个人力资源咨询顾问，在面对 C 端用户时不可能告诉人家怎么去做人力资源咨询吧？这个需求太小了。那我就想，我面试过那么多人、访谈过那么多人，他们都有职业成长上的困境，所以我在在行上挂出的第一个话题就是关于职业转型。因为我知道太多人学了某个专业但不想干这个专业的事儿，或者学了某个专业、干了本专业的工作，但 3 年后快恨死这个专业了。职业转型是刚需，是人们的痛点。

再后来我发现也不是所有人都想转型，有的人想知道怎么才能在现有轨道上发展得更好，所以我又开了一个话题——绘制你的职业成长地图。

不是有个玩笑嘛，说托尼（指理发师）有项特别牛的技能，叫作"总有一款卡适合你"。很多时候你需要推出不止一款产品，需要针对不同的人推出不同的产品，也就是尽最大可能留住用户。

在产品研发这个环节，你不能觉得自己有个锤子就到处是钉子，你也不能闭门造车。产品研发出来后，你要去做测试，找一些你认为有需求的人，把这个东西推给他们，问问如果他们有这个需求，愿意花多少费用来购买这样的东西。这相当于拿你的产品去市场上做小规模的虚拟验证。

产品研发之后，非常重要的就是流量。很多年前就流行说渠道为王，渠道当然重要，但是作为像个体户一样的自由职业者，我觉得复购更重要。因为自由职业者做的其实是客单价高的产品，所以老客户推荐是非常重要的渠道。你把老客户服务好了，老客户的持续推荐就是我们的流量来源。只有客单价低的产品才需要大规模投放。

很多人可能会说："薛老师，你把品牌做起来了，可以说靠老客户推荐就行了，那我最开始一个客户都没有的时候怎么办？"

其实也很简单，就是你可以去试所有的渠道，因为你也不知道哪个地方会有回应。比如我遇到在行的时候，也是这个平台的发展初期，但我也很投入地经营。我觉得有时真的不能太思前想后，但凡你觉得这可能是个机会就去做。先去做，再去想怎么做得更好。

有的老客户约我咨询的时候会说现在的咨询服务好贵，原来没这么贵。之前没那么贵是因为前面的客户其实是在帮我积累经验，只有积累数百个案例经验的时候，我才能一眼洞察到一个人的问题在哪里。我现在的咨询服务比以前贵，是因为值这个价。

我想给一些人的建议就是，不要总觉得自己没有准备好，什么都没有的时候去试并不吃亏。

这跟创业是一样的，没有唯一正确的路，只有试了才知道。

另外我觉得做自由职业，特别好的一个渠道就是混社群。社群中的每一个人都是你的潜在用户或者潜在业务合伙人。

社群也可能给你带来更多信息，这些信息可以分为三类。

第一类信息是知道别人在做什么。如果你能自己走出一条路，当然最好，但是我觉得每个人都要知道，在这个年代，聪明的人太多了，所以知道别人在做什么，然后学会参考和借鉴，效率可能会更高。

在混社群的过程中，你可以找到自己的核心竞争优势，这是你能获得的第二类信息。你看到大家是怎样的，你就大概知道自己在什么位置。

第三类信息是看看人家商业上的每一个环节是怎么设计的，千万不要自己吭哧吭哧地闷头傻干。

还有运营，也就是如何去优化交付产品、交付服务的这个流程，如何提高效率。比如有些事情是不是可以跟人合作？你不擅长的事情有些是不是可以外包出去？我经常说自己有很多"虚拟合伙人"，在不同的维度上有合作。

还有就是自由职业者也需要懂一些打造个人品牌的知识。公司有公司的品牌和市场活动，那个人也要有个人的品牌和市场活动。我没有参加过个人品牌的训练营或者课程，那是因为我很早就有这个概念。我以前做过市场方面的工作，做管理咨询的时候也从客户相关人员那里受过这方面的熏陶。但是，如果一个人刚刚做自由职业者，他可能完全没接触过，那我觉得他还是有必要去学习类似的课程的。这些课程会教给你一些套路，但这些套路可能真的特别好用。

所有方面都需要自己去学习和实践，然后慢慢形成自己的一套打法。

停下来，
也不一定能找到方向

陈舒扬　你说自由职业者需要有很强大的时间管理能力，我在你身上也看到了这一点。但我觉得也有很多人是需要朝九晚五的规律生活的，否则会出问题。

我们一直在聊工作，那你有没有观察过失业这个问题？可感知的失业有没有变得越来越多？比如说年轻人在换工作的间隙会有 gap year（间隔年），有的甚至会间隔很长时间；再比如说大量的全职妈妈。你觉得长期不工作对人的负面影响大吗？

薛毅然　这个话题有点沉重。

其实这样的例子挺多的，有些人来寻求我的帮助，我也觉得无能为力。

Y女士，一流高校硕士毕业，
在外企工作，休完产假后辞职，
主动失业两年后想要重回职场。

我认识一流高校硕士毕业的 Y 女士，她毕业之后的两份工作都在外企，比较忙，但也不算特别忙。后来，她休产假生孩子了，生完孩子之后她有些想法，想突破一下自我，就把工作辞了。

我觉得有的人就是这样，忙的时候回家倒头就睡，生活在既定的轨道里时没有那么多想法，但一闲下来就会想一些东西。Y女士就是休完产假之后想换种方式过日子，把工作辞了，相当于主动失业。

在主动失业的那两年，她不是很确定是否做全职妈妈，但也学了各种各样的课程。她来找我其实是想重新回到职场，一方面是孩子上幼儿园了，不用她天天围着转；另一方面是孩子上幼儿园之后报各种才艺班的学费实在是不低，光靠老公一个人的收入去支撑，有些捉襟见肘。

当然也不完全是出于经济上的考虑。人总是这样，工作的时候想辞职，不工作的时候又想找工作。

但是，根据她的情况，我觉得重回职场并不容易。你看她的教育背景和工作背景好像不错，很多这种背景下比较优秀的人会觉得自己辞掉工作之后再找不是难事，其实不一定。比如说这个Y女士，她之前在外企的工作经历，相当于在一个比较细分的领域干比较专业的工作，说实话，这样的岗位在市场上的空缺没有那么多，而且如果是初级的岗位，人家更愿意招应届生或者更年轻的人。

其实，有一类人是比较容易失业的——所处的行业过于小众或者以往的工作内容太过单一，个人也不是那种适应能力足够强、什么都能干的。对这样的人来说，一旦失去一份工作，找下一份工作就会变得不容易。

我最后给她支的招儿就是接一些零活儿，比如说翻译点儿东西，或者进入朋友的公司从不受限的岗位上重新做起，以她的能力应该很快能成长起来。但是，这样的机会去哪里找呢？

陈舒扬　主动失业就像《围城》中说的，在里面的时候想出来，在外面的时候又想进去。

小Z，家境好、没压力，

尝试过很多职业，

希望找到可以调动其激情的职业。

薛毅然　说到这个话题，我还想到一个找我做咨询的男生。小Z其实不缺钱，他在线上给我留言说就想找一份能调动激情的工作。小Z毕业之后干过什么呢？当过咖啡师，在一家公司做过平面设计，还当过滴滴司机……就是这样的一个小伙子。

我后来给他支的招儿是先去做咖啡师。原因很简单，他说之前干过的所有工作中，只有这份工作让他更快乐。他的盖洛普测评数据也显示他在"关系建立"方面才干比较强，也就是说他是一个需要跟别人打交道的人，也是一个愿意跟人产生情感连接的人。同事之间其实也是一种情感连接嘛。而且盖洛普测评数据显示他的"战略思维"才干也特别强，这样的男生一般表达欲挺强的。不去上班，他连个说话的对象都没有。

他的确跟我说过因为不上班，自己的生活变得没规律，自己的状态不好，所以我觉得他首先需要回到正常状态，那就先去找一份能跟人产生连接的工作，然后慢慢腾移到适合自己的工作岗位上。毕竟活着不能靠空想。

我看了他的盖洛普测评数据之后，还说他其实适合做心理咨询师。为什么呢？心理咨询师实际上需要"理性的女性"和"感性的男性"。女性天生感性一些，共情能力强一些，但心理咨询师的共情能力太强，其实并不好，会过多地消耗自己，但也不能没有共情能力。一个有共情能力的男性做心理咨询师，往往是比较容易得到认可的。

然后小Z问我自己是不是应该去考个研究生，我当时没忍住，叹了口气说："我不应该打击你，但是以你的特点，我觉得你根本坚持不下去复习考研。"原因就是他是普通院校的艺术生，从小就不是那种踏踏实实学习的人。各种游戏都是有规则的，适合不同的人玩，有的人就是能够在学习、考试这条路上走得更好，有的人就是不行。

后来这个小伙子是听从了我的建议还是继续胡思乱想，我也不知道。

陈舒扬　这两个案例都属于经济压力不大，并且对工作有经济收入之外的期待，但也都不容易找到满意的工作。

工作是我们跟外部世界互动的接口

薛毅然　如果你问一个人长时间失业或者不工作，他能不能过得还好，我认为没钱的话，肯定是不好的，所以我将这个问题理解为"如果没有经济压力，一个人长时间失业或者不工作，是不是还好"。

我讲两个不一定有代表性的案例。

第一个案例是从外地跑来找我的一个姑娘。她之前在当地的一所大专院校当英语老师，也在培训机构里当兼职老师，本来干得不错，但是她很想去美国读心理学的研究生。因此她辞了职，大概有一年多没工作，在准备考试和申请学校。她主要是看美国和加拿大的高校，她觉得自己申请不了特别牛的学校，但是也想申请好一点的学校。相当于在这一年多的时间里，她虽然没有工作，但是有一个目标，也还好。

但是新冠肺炎疫情一发生，去国外读书的这件事情就变得更难、更不确定了。相当于留学这个事情已经被她"悬挂"起来了，她一时找不到新的目标。而且这个姑娘的心气儿也高，不是随便一份工作她就愿意干。

我当时给她的建议是先去培训机构当英语老师，心理学也不能放下了，因为学心理学的人更不能脱离社会，心理学是特别需要边看书边实践边观察的。

这个姑娘后来并没有去机构做英语老师，而是去了保险公司做销售。我知道她一定要找一份能与人产生连接的工作，如果是教小孩子学英语，她会觉得有些无聊。虽然做保险代理人并不容易，但一直与人打交道会给她带来很多滋养并使她得到锻炼。我很欣赏这个姑娘，在二、三线城市做保险销售特别需要勇气，因为那样很容易让身边人觉得她混得不太好！

我还遇到过一个男生，他家在西北有厂子，虽然规模不算大，但每年也会有比较稳定的收益。他在北京的一家电商公司工作了一年多，觉得太累就辞职帮家里做一些营销工作，因为女朋友还在北京，所以他就又回到北京生活。他描述自己平时搞搞股票投资，一年也有二十几万的收益，但总觉得自己应该有份工作。他找了不少工作，但那些企业开出的月薪都不超过一万元，还要起早贪黑，他总是觉得不值当。

我建议他做些自己喜欢的事情，或者去自己感兴趣的行业找适合的岗位。人呀，还是要与真实世界多一些互动与碰撞，哪怕是财务自由了。

老K，41岁，公司创始人，

创业公司被大公司收购后实现财务自由，

感觉生活没有意思。

还有一个例子，是关于我朋友的朋友的，我们就叫他老 K 吧。老 K 40 岁出头，之前经营一家公司，特别忙！几年前有一家大公司收购了他的公司，他想反正实现财务自由了，不如歇下来四处溜达溜达。就这样过了两三年，他觉得没什么意思，想再找些事情做。短时间内也没遇到什么合适的项目，再加上他之前跟别人合伙投资被骗过，也不想去做投资了，觉得钱还是落袋为安吧。但是，让他去给别人打工，也不现实。

我当时和老 K 探讨能不能找些力所能及的事情做，哪怕是做公益也可以呀！但是我发现老 K 的情绪很难被调动起来，似乎有些说不出口的犹豫。如果一直打零工，那一个人随便找个零活很容易！但习惯了公司创始人的角色，一个人再想找些事情做就不容易了。

其实这种不缺钱情况下的"失业"不能叫失业，应该叫无业吧！核心问题都是"无处安放的个人价值"。

陈舒扬　说到失业或者无业，我想起看过的一本书，书中有两个人的对话，一个人说："人需要工作，因为不工作一定会让人消沉。"另外一个人反驳说："并不是不工作本身让人消沉，而是没有工作的人看到别人在工作，会觉得自己消沉。如果大家都没有工作，那大家都不会消沉。"

薛毅然　哈哈，其实很多人是非常拧巴的，一边想要特立独行，一边又忍不住跟人比较，想到主流竞技场上去竞技。

陈舒扬　如果大家都少工作、不加班，那市场上就能有更多工作岗位，这样失业的人也会少一些，皆大欢喜。当然这是在开玩笑。

#重要的话#

- 现在的职场真的特别难混，我真的不知道85后是否可以在公司干到退休。在体制内还好，非体制内的，我觉得不乐观。我建议大家把自由职业当成一个选项，或者说为未来留一条路，不要觉得现在有班上就可以保证一辈子稳定。
- 我发现不管是个人还是企业，大家现在越来越能接受购买某个人提供的服务。越来越多的人愿意为个人品牌买单。
- 不要总觉得自己没有准备好，什么都没有的时候去试并不吃亏。
- 做自由职业，特别好的一个渠道就是混社群。社群中的每一个人都是你的潜在用户或者潜在业务合伙人。
- 如果你能自己走出一条路，当然最好，但是我觉得每个人都要知道，在这个年代，聪明的人太多了，所以知道别人在做什么，然后学会参考和借鉴，效率可能会更高。

职场真话 10

职业发展
不是生活的全部

本章讨论的话题：

用积极心理学来解释职业幸福感

如何客观看待优势和短板

学会自己给自己正反馈有多重要

为什么说70后的职业幸福感更高

找到自己的社会支持系统，工作不是生活的全部

本章案例：

一给下属打绩效就为难的技术团队负责人

薛毅然拆解自己的职业幸福要素

幸福五要素：
积极情绪、投入、人际关系、意义、成就

陈舒扬　之前在微信上聊天，你说想聊聊"职业幸福感"这个话题。

薛毅然　我前几天一直在想一个问题：很多人认为自己职业不幸福，会不会是因为他们根本不知道幸福是什么？

　　我觉得中国人接受的传统教育其实一直是"吃苦教育"。比如俗话说"吃得苦中苦，方为人上人"，《孟子》称"天将降大任于斯人也，必先苦其心志"，这些就让我们觉得吃苦是很正常的。我并不是想说吃苦没有意义，而是想说其实没有人去研究幸福是什么，该怎样获得幸福。

我是一个比较容易"自嗨"的人。记得上初中的时候，我在自己桌子上刻了四个字——"乐极生悲"，用来提醒自己。为什么呢？因为我小时候很调皮，比如上课总是忍不住接老师的话茬儿，不管老师说多少次我还是忍不住，下课我也经常跟同学打闹。然后我发现"嗨"到一定程度的时候，自己就会有一种焦虑和恐惧的情绪，觉得"哎呀，要被骂了"。那种感觉有点像：我不敢让快乐充分地释放，因为我担心这么快乐是不好的。

　　一个人的情绪经常处于低落的状态，可能会有抑郁倾向；一个人的情绪经常很高涨，也可能会有些问题。我自己经历过这种情绪的波动，也在波动中感受到一些"伤害"，才会有"乐极生悲"这种"恐惧"。

　　成年之后，我觉得自己对人生和工作的看法也很简单：人生嘛，就是这事儿忙完忙那事儿，你可能今天很开心，明天说不定遇到什么事情你就不开心了。工作也一样，有开心，也有不开心。如果工作里没有开心的事，那你还可以下班后买买买或看个电影让自己开心一下，生活不就是这样吗？

　　我是一个会给自己找乐子的人，不管在工作中有多难受，我都会找到办法喘口气。你有没有发现我说这句话的背后逻辑？我喘口气的目的是还能接着去做那些让我感到难受的事儿。

　　我又想起很多人找我聊自己的工作，说自己干得不开心，我经常开玩笑说："你想要工作干得开心，那不应该是你付给老板钱而不是老板付给你钱吗？哪有又给你钱又让你开心的事？"

　　但是我又在想，人的一天有八小时花在工作上，如果这八小时工作中都是令人难受的事儿，那也是不行的。

所以我就在想，要讨论职业幸福感，可能要先讨论幸福究竟是什么。

陈舒扬　幸福可能不完全是开心或乐子。

薛毅然　我想借鉴一下积极心理学的理论，因为它本身就是研究幸福的。

我在 2003 年就看到《现在，发现你的优势》这本书，很多人是从它开始接触盖洛普优势理论的，我也是。

冥冥之中，我可能就是那种发挥优势的人。我上学的时候数学、英语不好，历史、地理很好，家长和老师经常说："作为一个文科生，你数学、英语不好，高考多吃亏呀。"但是我一直愿意去肯定自己的优势，也更愿意把时间、精力花在历史与地理上。

所以在 2003 年接触盖洛普优势理论的时候，我就觉得它很合我的胃口。

2017 年，我获得了盖洛普优势教练的认证。上课的时候，老师讲盖洛普这套理论的底层基础就是积极心理学。老师还跟我们说很多心理学研究的是有严重心理挑战或者问题的人，但积极心理学是研究怎么让普通人过得更幸福。这个说法当时特别触动我。

我在 2017 年 6 月学完盖洛普优势教练的课程，在 2017 年

11 月，我跑到清华去听积极心理学的课。当时老师在课上讲到底什么是幸福，说积极心理学早就有一个幸福大厦模型，幸福像一座房子，房子有五根柱子：第一根柱子是积极情绪，第二根柱子是投入，第三根柱子是人际关系，第四根柱子是意义，第五根柱子是成就。

幸福大厦模型

当时我就给自己做了评估（每一项总分默认为 10 分）：

积极情绪：我在 8 分以上；

投入：我对工作很投入，差不多是 8.5 分；

人际关系：有人喜欢我，有人不喜欢我。我很享受跟伙伴在一起，也有很多人享受跟我在一起，所以我觉得整体也在 8 分左右；

意义：这一直是我的盲区，我不知道它是个啥……这一项就

职场真话

先不考虑吧；

　　成就：不管别人怎么评价，我对自己还是相对满意的。不管是我以前待的各个组织，还是我后来自己做管理咨询顾问，我觉得大家是比较认可我的，8 到 9 分吧。

　　为什么说盖洛普优势理论的底层基础是积极心理学呢？我是这么想的：投入这一点跟盖洛普优势理论是最相关的。你要让一个人做事情投入，就一定要让他做自己擅长的事情。这样才能形成正反馈，他的成长也会更迅猛，而且这个过程会给他带来积极情绪。当然积极情绪的自我训练也很重要，因为就算做擅长的事情，我们也会遇到瓶颈、遇到挫折。人际关系也很重要，盖洛普公司的另外一本书《首先，打破一切常规》里有调查员工满意度的 12 个问题，其中包括"在工作中是否有人关注你的成长""是不是有好朋友"这样的问题。显然，作者认为在工作中保持良好的人际关系很重要，因为它能带来情绪支持。

　　如果一个人能投入地去做发挥自己天赋的事情，并且在这个过程中有持续的正反馈、有积极情绪帮助他克服困难，那成就不是自然而然到来的吗？

　　不过，关于什么是意义，我一直不是很清楚。

陈舒扬　找不到意义，也可以幸福。哈哈。

薛毅然　我一直在想意义到底是什么。后来我觉得意义可能跟盖洛普 34 个优势才干中的"关联"有很大关系，因为我的"关联"才干排得特别靠后，所以我一直不懂意义是什么。

盖洛普优势理论对"关联"才干的解释是：相信这个世间的万事万物彼此关联。我有两个朋友，他们的"关联"都排在前五，我就跟他们讨论"关联"到底是什么。我发现"关联"是一种更宏大的宇宙观，而我以前是不会去想这些事情的，这也是我的局限性吧……

那我就想自己人生的意义要从哪里找？我得出的结论是：对每一个出现在我身边的人，不管是什么机缘，我都会尽我所能给他一点影响，不管是认知、经验，还是心理能量，有可能对他的未来产生一点影响。这就是现在我为自己找到的意义。

陈舒扬　我有个问题想问下，你应该很少看电视剧，以前应该也很少看小说，对吧？

薛毅然　嗯，现在是完全没有时间看。上学的时候，我看的书不多，看的剧也不多。我想想自己那时候干吗了呢？还真的是不怎么看书，也不怎么看剧。

在我们小时候，有电视的家庭其实是少的。在我上大学前，家里是有电视了，但父母也不怎么让我看。本科毕业后，工作的时候住在员工宿舍，那个时候宿舍也没电视。后来我读研究生的时候，宿舍倒是有电视了，但是大家都挺忙的，所以看得也少。等我28岁硕士毕业又开始工作的时候，工作就特别拼命了。我印象最深的是，在我跟老公看电视的时候，我经常在沙发上睡觉，因为我太累了。

总的来说，可能有两个原因：第一个原因就是事情多，没时间；第二个原因是我是一个很容易被干扰情绪的人，我不敢看悲剧，我对那些痛苦的情绪是逃避的。

年轻的时候，我也没有追过星，也不太理解别人为什么要追星，可能我更关注出现在自己身边的人、事、物。

陈舒扬　之所以问这个问题，是因为我有一种感觉，就是各种文艺作品给很多人构建了某些意义。比如说家国天下、各种崇高又伟大的理想，这些不都是文艺作品给我们构建的吗？

我觉得一个人头脑中的意义，可能跟他少年时涉猎的文艺作品有很大关系。也不一定是虚构的文艺作品，提供了一些精神层面上的东西都算。你是一个很务实的人，探索意义对你来说可能更像务虚。通常来说，喜欢看书的人多少喜欢独处、沉浸在想象的世界中。

当然，积极心理学中说的意义，未必是我理解的这种。

越早了解自己的擅长与不擅长，
越早跟自己和解

薛毅然　我们就先把意义放一边，回到怎么获得刚才讨论的那种职业幸福感。

想要拥有职业幸福感，最重要的其实是找到能投入去做的事。因为做自己擅长的事情，人一定是更享受的，也就是要先知道自己的天赋在哪儿。《发现天赋的15个训练方法》和我在得到App上的课里也讲到了一些比较简单的方法，每个人都可以去探索天赋。

当然更快的方法其实是去找专业人士帮你分析。比如说我是盖洛普优势教练，可以这么讲，99%真实作答的盖洛普测评报告给到我，我就会知道这个人相对擅长做哪种类型的工作，一定要躲开哪种类型的工作。

陈舒扬 但是你也说过天赋、优势跟工作岗位之间不是一一对应的。

薛毅然 是的，不是一一对应的。但通过测评报告，可以避开那些自己绝对不适合的工作。还有一个很重要的作用，就是跟自己和解。

> Z女士，38岁，
> 互联网"大厂"的技术负责人，
> 给别人打绩效时有很大心理压力，希望转型。

我讲一个例子。我认识在互联网"大厂"做技术的 Z 女士，她是学计算机的，25 岁硕士毕业之后一直做技术，管过 60 多人的技术团队。她来找我的时候已经 38 岁，当时她做了盖洛普测评，数据显示她在"关系建立"方面能力特别强，表明她很关注身边的朋友，关注大家的情绪、感受，也希望支持他人的成长。她跟我说自己做技术团队负责人的时候，给别人打绩效、做绩效反馈的时候会感到非常不舒服。她觉得每个人都有优势，都有可圈可点的地方，给谁打高还是给谁打低，她都会有很大的心理障碍。

她想跟我探讨职业转型，因为她越来越不想干现在的工作了。

其实很多职场人在职场的前半段会因为自己努力、智商也不低，做得还不错。这延续的是好学生模式，即老板交代一个任务之后把它做好。从本质上来说，它跟学生时代完成老师布置的作业差不多。但是到一定阶段，沿用这种模式就出问题了。Z 女士就是这样，她从 25 岁毕业一直做技术工作，认真负责，想着怎么把活干好。干到管理岗的时候，她开始还是"满血"的，想着怎么带领团队把任务达成。但是再往后，她的心态就发生了变化，第一是没法往上走了，第二是对工作内容没有热情了。

Z 女士已经 38 岁了，还能职业转型吗？

如果一跺脚非要转型，不是不可以，但是从现实考虑，很多人还是无法放弃以前的积累，从年薪几十万到月薪几千。所以我给她两个建议：一是可以承担一些企业内部员工的培养和发展工作，去帮助别人成长；二是用业余时间做自己感兴趣的事情，比如学习优势教练技术，研究亲子教育也好，让自己的优势有发挥的空间。

我希望很多人明白：不是你不够努力、不够优秀，而是你的出厂设置决定了如果你是一个非常有"心"、有"爱"的人，那在职场中可能会有挺大的"心理摩擦力"。很多优秀的管理者，尤其是管理大团队的，他们不需要那么多"心"，需要的是非常强的执行力，就像管理军队那样。

所以我觉得越早了解自己越好，但是什么时候都不晚。

不要盯着短板，
但也别有限制性短板

陈舒扬　我谈下自己对盖洛普优势理论的理解。这一套理论，一方面在强调人是有天赋、有优势的，也就是你说的出厂设置，它的对立观点是所谓优势都是训练出来的，能力都是培养出来的——其实很多人持这种观点；另一方面在主张人要发挥优势，而不是跟短板较劲儿，它的对立观点就是人要把注意力放在补短板上。

薛毅然　我觉得中国人补短板的思想就跟吃苦教育一样根深

蒂固。

陈舒扬　但你也说过不要有限制性短板。

薛毅然　我用过限制性短板这个概念，就是说短板不要明显限制个人的发展。当时我采用了能力图谱，定义了一些混职场需要的能力。你不需要每种能力都很强，但不要有哪一种特别弱。

　　现在我想把它简化一下。我觉得很多人是否在职场遇到"卡点"或者限制自我成长、有更大作为的，基本逃不开以下三个方面。

　　第一个方面是情绪管理。我觉得自我管理的核心是情绪管理，拥有稳定的情绪意味着一个人正常运行。情绪既会影响工作效率，也会影响人际沟通，还有合作界面。人的情绪特质是天生不一样的，有些人的情绪更稳定，有些人就更容易震荡。我知道自己的情绪是偏不稳定的，这么多年来，我尽量让自己在工作场景中保持情绪平稳。我们也聊到过，在处于高速发展期的公司工作，压力是很大的，在这种环境里，人的情绪更容易紧绷。那么一个天生情绪不太稳定的人在这种地方，真的是需要刻意管理自己的情绪的。

　　第二个方面是在合作过程中，能不能保持适度的同理心和良好的边界感。在职场中，同理心弱的人可能更容易关注理性思考和目标达成，但同理心太强很容易被"卷入"情绪漩涡，所以有边界感这个词。这里说的边界感不是人天生的那种边界感，而是我们要主动去设立的那种边界感。要学会区分自己的事情和别人的事情，平级之间和上下级之间都需要有比较清晰的角色、责任和义务分配。说到底，就是在工作中把感情和事情分开，不要让"情绪感受"影响思考、判断和做事情。

第三个方面是愿不愿意接受或者主动承担有挑战性的任务，或者说当遇到自己没有处理过的问题时，会不会想办法去解决问题。这可能需要你整合资源、学习新东西。它的反面是遇到事情就等着别人告诉我怎么做或者逃避，这种行为的背后其实是害怕承担责任或者不愿意承担风险。

擅长表扬自己的人更开心

陈舒扬　除了发挥优势、克服限制性短板，如果一个人想获得职业幸福感，你认为还需要什么条件？

薛毅然　还需要持续的正反馈。

我觉得人就像手机，电用完了则需要充电。正反馈就好像充电宝一样。如果你能够遇到特别好的组织文化或者比较好的领导，他能够给你正反馈，这当然是最理想的。

事实上，想要遇到两者比较难。第一个原因是在中国文化里，大家还是觉得"骄傲让人退步"，所以中国人都不太会夸人。第二个原因是成为管理者的人往往也是对自己有高要求的人，甚至可能是完美主义者。他们连自己都不表扬，你还指望他们表扬你？所以也挺难。

如果一个人知道自己特别需要正反馈，那他在找工作的时候就要关注领导是不是乐于给出正反馈的人。

还有就是你的家人能不能给你情绪上的支持。其实想想，我们每天见到的人无非就是领导、同事、家人，如果家人能够给你更多情绪上的支持，即使未必跟工作有直接关系，也会让你的状态更好。

最差的情况是，如果环境不能给，那就只能靠自己了——你至少得是一个会表扬自己的人吧！我们观察后会发现，那些喜欢表扬自己的人就是天生开心一些，积极情绪多一些。我们都会给自己的手机充电，怎么就不能给自己正反馈呢？积极心理学中就有一些训练，比如说写感谢信，其实就是教人学会给别人正反馈。我记得还有一个训练是每天写"好事三件"，是让我们发现生活中值得庆祝的事情。比如说早晨起床的时候，我收到一条读者留言，这就可以算一件好事。我们在学生时代靠考试给正反馈或负反馈，但是职场中没有考试，升职加薪也不是考试。升职加薪的黑幕也有很多，可能更多的是给你负反馈，那我们就需要在点滴之中去找正反馈。

幸福需要更多元的
社会支持系统

陈舒扬　其实说到职业幸福感，我想到之前发现的一个有意思的现象。看网络文学的似乎有两种人，一种是我要看别人谈恋爱，另一种是我要看别人搞事业。我感觉越来越多的人觉得看别人搞事业更有意思。

相比之下，我觉得我们那一代人在某种程度上是看言情剧长大的，特别是女生。我们很难想象在某部文艺作品里没有爱得死去活来的男女主角。但是现在主角的感情线变得单薄，在很多网络文学的世界里，主角的事业线、如何功成名就，好像更重要了。那些喜欢看言情题材的人会被叫作"恋爱脑"，意思是你这个人光想着谈恋爱，很没出息。相比之下，在传统观念里，大家对幸福的想象，基本上是跟爱情甜蜜、婚姻美满联系在一起，特别是女性。至少，一个人过得挺幸福的，那爱情或婚姻在他的生活中一定不能缺席。

所以我觉得在说职业幸福感的时候，等于在说职业也是可以带给人幸福的。

当然了，职业幸福感也没那么容易获得。

薛毅然　其实获得职业幸福比获得婚姻幸福容易，哈哈。

你说的这个现象之所以存在，第一是大家的婚恋观更多元了。作为 70 后，在我们成长的环境中，不谈恋爱、不结婚的人太少了。如果有，总会有人说三道四，但大家现在对各种情况有了很大的包容性。

第二实际上是我前面说的人生是在"爬楼梯"。我们这代人"爬楼梯"的感觉没那么明显，但从 85 后开始，一个孩子上什么样的辅导班、上什么样的小学与中学、考上什么样的大学、毕业进入什么样的公司、在哪个城市、做什么工作、是不是在那个城市买了房等，这些成了大家茶余饭后的话题。所以 85 后这批人从出生开始就在往上爬。

第三就是这些年各种创业的热潮所带来的标杆效应。我们会看到很多人年纪轻轻就实现财务自由了，可能股票市值都已经几千万甚至上亿了。

当然了，这里说的职业幸福感不是说一定要实现财务自由、年入几百万，还是得回归内在感受。

因为幸福感说到底还是一种内在感受。

从内在感受来说，我一直觉得 70 后，也就是我们这批人相对来说是幸福的。50 后、60 后，他们有生存焦虑；80 后、90 后，他们所面对的生活压力又上来了，跟独生子女政策有关，也跟上升机会减少有关。反倒 70 后这代人所处的外部环境更舒适一些。

前些天跟朋友聊中国社会未来 5~10 年的问题，我说人们整体的幸福感会降低。原因就是我看到现在年轻人的压力和焦虑程度很大、很深，而且现在青少年有心理问题的比例很高。

职业发展不是生活的全部

陈舒扬　我们看到的可能还不是幸福感最低的那群人，因为幸福感最低的那群人可能不在我们的视野之内。比如之前那个叫墨茶的 B 站 UP 主，被发现死在独居的出租屋里（2021 年）。

薛毅然　是的，这也正是我想说的，即传统社会关系的解体。

比方说越来越多的人选择独身。我不认为结婚一定好或不结婚一定不好，但是人终归是需要社会支持系统的。传统的社会支持系统解体之后，新的社会支持系统怎么建立呢？

我一个朋友的朋友说特别想建一个网络社区，叫"一个人的幸福生活"，但是她有家庭、有孩子，我们就开玩笑说："你一个已婚人士说要建一个单身或者独身人士的社区，好意思吗？"

她说就算结婚了，也需要把个人生活过好。

仔细想想，我觉得蛮有道理的。

婚姻当然承担了重要的社会支持系统的角色，但不是全部。

当然，职业也不是全部。

一个人的社会关系和社会活动都可以成为他的社会支持系统。

我觉得未来社会可能出现的一种比较好的发展方向是，有更多元的社会支持系统。我们不仅能从婚姻和亲密关系里获得支持，也能从工作里获得支持，参加一个兴趣社群或者去做志愿者，也是在建立我们的社会支持系统。

陈舒扬　其实刚才说到的墨茶，他在网络上也有自己的社会支持系统，有一直活跃的网络社群，之前也有网友借钱给他，但是这个支持系统还没有强大到可以救他。有人说他死于饥饿，也有人说他死于孤单，还有网友说他死于疾病。

薛毅然　能不能这么理解：其实互联网已经给了我们非常大的便利，各种社群、组织其实已经有了，但人们从认知和行动上把这些东西更好地利用起来，把自己的生活过好，可能还需要一个过程。

陈舒扬　是的，像你说的最终大家发现自我实现不一定非要依赖职业，生活中有很多内容，并且社会变得更包容，人们不再通过单一的评价体系去定义一个人。

薛毅然　回到一开始说的意义。意义也是多元的，是可以自己去构建的，不一定要用钱去衡量，也不一定需要很多钱来支撑。

　　还记得我跟你说的那个天天在朋友圈发自己跳舞视频的女生吗？我觉得想办法把自己的日子过成"画"，也是一种意义。

#重要的话#

- 想要拥有职业幸福感，最重要的其实就是找到能投入去做的事。因为做自己擅长的事情，人一定是更享受的。

- 了解自己的天赋或优势，除了可以避开那些自己绝对不适合的工作，还有一个很重要的作用，就是跟自己和解。

- 自我管理的核心是情绪管理，拥有稳定的情绪意味着一个人正常运行。情绪既会影响工作效率，也会影响人际沟通，还有合作界面。

- 在职场合作中，保持适度的同理心和良好的边界感很重要。在职场中，同理心弱的人可能更关注理性思考和目标达成，但同理心太强很容易被"卷入"情绪漩涡。

- 职业发展常见的一个"卡点"是不愿意接受或者主动承担有挑战性的任务，或者说当遇到自己没有处理过的问题时，不会想办法去解决。承担有挑战性的任务，可能需要你整合资源、学习新东西。它的反面是遇到事情就等着别人告诉我怎么做或者逃避，这种行为的背后其实是恐惧、怕担责任。

- 未来社会可能出现的一种比较好的发展方向是，有更多元的社会支持系统。我们不仅能从婚姻和亲密关系里获得支持，也能从工作里获得支持，参加一个兴趣社群或者去做志愿者，也是在建立我们的社会支持系统。

- 意义也是多元的，是可以自己去构建的，不一定要用钱去衡量，也不一定需要很多钱来支撑。想办法把自己的日子过成"画"，也是一种意义。

职场真话 11

会看人，
才能办成事

本章讨论的话题：

看人准，需要经历哪些"情境训练"

不同测评工具的特点和适用场景

人人都该懂点识人方法

识人能力如何训练更有效

看人是看哪些基本点

本章案例：

大学同学一起合伙创业多年也会出状况，该怎么办

一位老板和中层管理者之间出现尴尬局面，如何化解

一位老板想招自己的老同学进公司，为什么不合适

识人的本领，
来自"强情境训练"

陈舒扬　　我们前面聊过的许多案例都离不开对人的性格特质的分析。做人力资源、人才发展工作，会看人很重要。你之前也开过线上和线下的识人课，可以说在识人这件事上，你非常有经验。你是怎么一步步在这个领域不断深入钻研的？

薛毅然　　可能是我从小就八卦，哈哈。

组织行为学里有一个概念叫强情境训练，认真地讲，我觉得自己就是被强情境训练出来的。

我小学时转过三次学，在四个地方待过。因为我的父母在一家大型国企工作，每次他们有了工作调动，从系统内的一家厂子调到另外一家厂子，我就要跟着转学。那你可以想象，因为经常需要融入新集体，所以我从小就学会了观察环境，学会了察言观色。而且因为经常搬家，我见的人也比同龄人多一些。

本科毕业之后，我的第一份工作是在高校做辅导员、班主任，有的学生比我大或者和我差不多大，那个时候我还会给夜大的学生上课，那里就是多大年纪的学生都有。所以，我的工作一直需要跟各种人打交道。

硕士毕业后，我的第一份正式工作是在一家集团公司的总部。当时公司是先有了一堆子公司，才成立了集团总部，所以总部承担的一个功能就是不断引进人才。在那家公司，我做了大量招聘工作。

我在那家公司待了快七年去了咨询公司。在咨询公司，我的第一个项目是给某省的运营商组织校园招聘。那个招聘流程非常快，一上午从小组面试到结构化面试，当场要给出推荐建议。多的话，我一天能面试四五十人，一般人会觉得把这些人的名字记住都费劲。那段时间训练了我快速抓住坐在对面的人的核心特点的能力。

我在那家咨询公司，除了做招聘和竞聘的项目，也会做组织发展方面的管理咨询项目，比如组织架构优化、岗位薪酬绩效、人才盘点，等等。做这一类咨询项目的时候，我们要先做大量访谈，也就是跟公司里的中高层管理人员或者业务骨干聊工作内容和具体场景下的问题与挑战。这个过程又带给我另一种收获。虽然我们聊的都是具体的事情，但我发现了一个很有意思的现象，

职场真话

就是"事"都是由"人"说出来的。我发现描述某件事情的时候，每个人都加上了自己的主观思考和判断。最简单的例子，比如有的人可能喜欢吹牛，有的人可能说话很保守，有的人可能不善言谈，你还要想办法去调动他多说……所以呢，虽然谈的是事，但这里面也离不开对人的理解和判断。

在咨询公司那三年大量的访谈和面试中，我觉得自己形成了一种"肌肉记忆"：我看到一个人，就算他不说话，但只要从这里走过，我都会对这个人有初步印象或判断。

2010年，我从咨询公司出来，开始自己做事。我在这个阶段获得了新的视角，我变成了客户的长期顾问，我会跟老板聊很多有关业务和核心人员的事情。而且这种项目的合作时间长，不像以前做一轮访谈，聊完就完了。

我经常跟客户一起去面试，面试完了我会给出意见。比如说一个客户挖了行业里头比较能干的一位销售到公司，我们知道这种销售都很精明能干，然后我会跟客户所在公司的首席执行官讲，在用这个人的过程中有哪些注意点，他的薪酬和激励要怎么设计等，并且我会长期去跟进。

这么一来，我对一家公司里面的人员会有更深入的了解。我就像一个长期的旁观者。

到2015年，我开始做个人的职业发展辅导，这又是另一种训练。

之前不管是做面试官还是给企业客户做外部顾问，大多数人在面对我的时候，多少是带着职业面具或者社交面具的。但一个人因为自己的职业问题来找我的时候，相对来说是比较真实的，或者说更愿意把真实的情况告诉我。并且我会在见面前让对方做测评，并回答6个问题。

1. 你学习、工作的经历是什么样的？
2. 请分享以往工作、学习中比较令你有成就感的三件事。
3. 身边的朋友如何评价你的优势？
4. 有没有比较欣赏的朋友？为什么欣赏他／她？
5. 未来三到五年，你的目标是什么？
6. 希望本次交流重点解决哪些问题？

通过这些问题收集到的信息，我可以快速了解这个人的大致情况，并且跟他的测评数据形成对应。

测评数据可作参考，但人比测评数据复杂

陈舒扬　这么听起来你的确是经过了大量的强情境训练，大部分人没有这种训练机会。

对于普通人来说，"识人识己"更多是从识己开始的，像认识自己、自我探索这些主张，大家的接受度很高。我记得上大学那会儿，占星学大范围流行。这种能让大家对号入座、给自己贴一个标签的东西，我觉得特别容易火。

先说说测评工具本身。我知道你经常用到的测评工具一个是盖洛普优势测评，一个是九型人格图表测试。你为什么会重点用这两个工具？

薛毅然 做职业发展咨询，我一般至少会让人先做一个九型人格图表测试，再做一个 MBTI 人格测试。用这两个工具，不是为了判断对方是哪个具体型号，因为这种测评不可能非常精准，更多的是看具体的数值，而且这两个数据基本上可以形成一种初步的校验关系。

我最喜欢用的工具还是盖洛普优势测评，34 种优势的排序可以说是"千人千面"，就好像我们在《识人识己》播客中说到的，"世界上没有完全相同的两片叶子，也没有完全相同的两个人"。而九型人格图表测试和 MBTI 人格测试都是偏重类型判断，难免会有判断失误或出现偏差的情况，而且我常说的一句话是人要比类型复杂。即使两个人是一模一样的类型，但成长环境不同、职业不同，两个人也会有不一样的地方。所以我更喜欢用盖洛普优势测评，但也会把它与九型人格图表测试、MBTI 人格测试组合起来使用，进行综合分析。

我解读过的盖洛普测评报告有 1000 多份，我估计九型人格图表测试报告也积累 1000 多份了。这些数据积累到一定阶段的时候，我光看数据就能够想出来这个人的样子，基本上可以做到八九不离十。偶尔会遇到和我想象中不一样的情况，我就会更好奇为什么会这样，然后进一步深究原因。

说到职业测评工具，在硕士毕业刚刚工作的时候，我就接触到人力资源领域常用的各种测评模型，我所在的那家咨询公司也会用一些测评工具。但实话实说，我觉得很多测评工具比较一般，我也会在面试的时候拿着测评数据去对照，但我发现测评工具本身的信度和效度没有那么高。当然也存在另一种情况，就是应聘者不愿意百分百地真实作答。

很多年前我就接触过 MBTI 人格测试，但没有深入去学习和了解。我不是觉得它不好，就像武侠小说里每个人擅用的兵器不一样，每个人用得顺手的工具也不一样。另外，这可能也跟我不太喜欢二分法有关，因为 MBTI 人格测试的 16 个类型的基础还是二分法。

我是在 2008 年接触了九型人格理论，当时只了解了皮毛，对自我觉察还是很有帮助的。我印象最深的一点是提醒自己，要适度控制压力值。因为压力一大，我就容易"爆"。这里面涉及九型人格的动态迁移理论。2003 年，我就接触到盖洛普优势测评，当初测试出来的五大优势，对照一看很符合我的特点！2017 年，我获得盖洛普优势教练认证，之后我就开始在职业发展咨询中运用盖洛普优势测评，也会在企业客户中做优势团队辅导。2018 年和 2019 年，我经朋友介绍去南京听了裴宇晶老师讲的九型人格课程，在实践中慢慢把盖洛普和九型人格这两个工具关联起来，使二者互为补充。

如果是做职业发展咨询，我认为盖洛普优势测评数据给出的信息量更大，比其他测评工具好用。

盖洛普这个体系给我们拎出了 34 种优势，它的"探头"更多、更精细。我经常说测评工具为我们识别人提供了一些探测点，我们用测评工具来构建对人的认知维度，比如这个工具是这么分类人的，那个工具又是那么分类人的。你知道的维度多一点，你的探测点就多一点。

　　盖洛普优势测评还有一个优点，即测评结果是你跟自己比。它把每个人的 34 种优势进行排序，排在前面的是你擅长的，排在中间的是辅助优势，也就是可以被训练的，排在后面的是弱势优势，就是你不擅长或者根本不在意的。这也跟盖洛普公司的理念有关，这种理念源于积极心理学，特别强调每个人如果发挥自己的优势，更容易成就美好人生。

　　如果是组织建设，我特别推荐的一个工具是贝尔宾团队角色理论。它不像九型人格图表测试和盖洛普优势测评那么深奥，对我们了解彼此的风格和团队融合来说更好用。

　　还需要强调的是，各种测评工具本身也不是那么简单的。比如说九型人格，大家以为是 9 个类型吗？不，是 162 个子类型。再比如说贝尔宾团队角色，大家一般都知道是 9 种角色，但这个体系往深了去用，也有很复杂的组合。再比如说我看别人的盖洛普测评报告，从来不会只看前 5 种优势。盖洛普公司官方提供的收费测试分两个版本，一个是花比较少的钱，只给出排名前 5 的优势的报告；另一个是多花一点钱就能看到 34 种优势的排序。34 种优势可以有非常多的排列组合，信息量会丰富很多。

但这些测评工具再复杂，也没有人复杂。在识人这件事上，我们一定要有敬畏之心。每个人都是非常复杂的个体，人在不同场景下的呈现状态非常不一样，所以面对不是来找我做咨询的人或者不是我的客户，在我不是必须发表见解的时候，我一般不会去评价一个人。

大家也不要期望依靠某个测评工具来确定自己适合做什么工作。测评工具并不能简单地指出你适合做什么、不适合做什么，因为一个人的性格特质跟职业不是一一对应的。但是测评报告能帮人排除最不适合他的选项。比如说一个人的盖洛普测评报告里"分析"这种才干排在很靠后的位置，我就肯定不会建议他去做跟数据有关的事情。

识人这项技能，
越早激活越自在

陈舒扬　你也开过线上和线下的识人课，你觉得普通人有必要花时间、精力像你这样去研究人吗？

薛毅然　会一点，总有好处。

我说过，识人这门课，是永不结业的必修课，但是越早激活这项技能，在实战中不断应用和积累经验，在未来人生中遇到各种场景时越能应对自如。因为任何人都需要跟别人打交道，需要做一些跟人有关的决策。

比如说找工作就需要看人。

我在公司做招聘的时候就发现一件事。从履历上来说，有的人经验是吻合的，背景也不错，也通过了好几轮面试，但最后就是没有进入我们公司。我发现他们好像跟这家公司不太对味儿，跟公司里的大多数人不太一样。

老板在招人的时候会选跟公司对味儿的人，反过来说我们自己找工作的时候，也是在选跟自己对味儿的领导。我们经常开玩笑说，直接上级就是办公室里每天的天气，很多人离职的原因就是跟直接上级不对味儿。

我也在得到 App 上讲过一门线上课——《给应聘者的反面试指南》，也就是在面试的时候怎样观察和评估未来可能成为你直接上级的面试官是个什么样的人。

当然也要看情况，有的时候直接上级是谁可能没那么重要。我提过曾经给运营商做校园招聘，一天要面试几十个人，最开始我有点拿不准，我想怎么可能在这么短的时间里了解一个人呢？当时公司的一个合伙人让我放宽心，他说："你原来在企业里头做招聘的时候是非常慎重的，因为你们招的人少，所以招每一个人都很慎重，但是像这种运营商每年要招一二百名毕业生，只要专业知识和性格大体可以，就差不多了。"

这件事让我意识到，在大公司，很多人实际上就是一个螺丝钉，只要按照操作标准去做安排给自己的事情就可以了。

那如果一个人在选择自己职业的时候，就是想求一份安稳的工作，觉得做一个螺丝钉挺好的，那他可能一开始就要选大公司、大平台；如果一个人并不安心于做一个螺丝钉，选准赛道、选好团队、跟对上司还是挺重要的。

　　我们做管理咨询时也了解，团队规模小的时候特别挑人，不只看这个人能不能胜任工作，还要看这个人跟团队在一起，风格、秉性、价值观搭不搭。反过来，你去找工作，也是在挑老板。

陈舒扬　处理各种关系也需要识人能力。

薛毅然　别说处理关系，就是处理很多具体的事情都离不开对人的理解。

Y总，

在引进人才上比较激进。

H总，

性格倔强、不擅长交流。

举一个我的客户的例子。

这是一家创业公司，两个合伙人是高中同学，一个是 Y 总，另一个是 H 总，两人一起同吃同住同玩耍很多年，非常熟悉，也很认可彼此，但在一起开公司还是会有一些冲突和矛盾。

公司发展到一定阶段，Y 总想要从外部找一些更有经验的人引入管理层，而 H 总的意见是要慎重。因为 Y 总很坚持，两人就把人引进来了，然后慢慢将 H 总手里的一些业务转出去了。

H 总的性格比较倔强，但不擅交流，后来两人的关系有点不太对劲，Y 总便找到了我，希望我给 H 总做一下辅导。在这个过程中，我等于从 Y 总和 H 总两方面了解到了公司的情况，我的视角可能比他们各自的视角客观一些。

了解公司的情况后，我觉得 Y 总在引进管理人员这件事上的确有一些激进，甚至会给公司埋下一些"雷"。后来我对他们的团队分工做了很多调整，尤其是新业务方面，我建议 Y 总让 H 总负责。Y 总以前总担心 H 总不懂，想找个业界有经验的人负责。我知道很多时候老板会觉得外面请来的人更有经验，其实未必，真正有经验的人或许也请不起，而且很多经验都是团队经验，有些人离开了当初的那个团队，未必能创造出什么骄人的业绩。

我还跟 Y 总说有的事必须你们哥儿俩亲力亲为，哪怕再请一个半懂不懂的人，也得自己盯着。

到我跟他们合作第二年，有一次 Y 总跟我说 H 总的变化特别大，他觉得 H 总成长得特别快。其实成长快是因为有些事情你真正地交给他去做了。

讲这个例子是想说有的时候即便像他们哥儿俩认识了这么多年，但他们对彼此的认知还是有一些偏差和盲区。比如说 Y 总有的时候会盯着 H 总不擅长的地方。但是我会看到 H 总是一个努力、靠谱的人，虽然性子倔，但如果你给这样的人授权和信任，让他放手去做，帮他解决一些后顾之忧，他就会拼命地去干，我当初给出那些建议，一定是建立在我对 H 总这个人的判断上。

再讲一个例子，是我帮另一个客户处理一位中层管理人员的问题。

张总，

快速成长期公司创始人，

擅长发现机会，看到人才，眼睛会发光。

严总，

大公司行政总监背景，

没有快速成长期公司的管理经验，爱面子。

这是我多年前的客户，我们就称这家公司的老板为张总吧！当时整个外部环境非常好，客户公司也处于快速成长期，需要引入大量优秀的人，包括有经验的人和应届毕业生。我认识张总不久就发现他有一个非常明显的特点——看见有很多经验的人就会眼睛发光。后来我想他之所以那么成功，也是因为他总能看到机会。我们说有的人眼里总能看到风险，看到别人的缺点，而张总眼里总能看到机会，看到这个人能给公司带来什么价值。但这样的人也常常会有点"天真"，即放大自己所看到的可能性。这才有了后面的故事。

张总挖来了一家大公司的行政总监严总，让她负责内部管理。严总有很多年的管理经验，但她并没有在一家处于快速成长期的公司待过，对出现的各种"混战"局面非常不适应，和业务部门、技术部门的总监都有一些冲突和矛盾，各项工作推进得并不顺利。她的工作没有达到张总的预期。

张总就来跟我讨论怎么办。他来找我的时候，他们的关系已经很紧张了，内部开会时都会吵成一团。

我作为他们公司的外部顾问，跟中高层人员都会有一些接触，也算是了解严总的。我认为严总总体来说还是一个讲义气的人，张总也是，从这一点来看，我认为他们是可以长期合作的，这是我的第一个判断。

严总的动力系统很强，特别是权力动机[1]，喜欢把权揽在手里。但问题是，严总上一份工作的复杂程度远远比现在小，这家公司正处于快速发展和动荡的时期，严总有点掌控不住。也就是说，严总的能力和权力有些不太匹配。

张总一开始给了严总很大的授权，严总是不愿意放下的，如果强行让她放下，情绪反弹可能会很大。

在一次开会的时候，严总也说过"需要我走，我就走"这样的气话，张总当时说的是"没有人让你走"。

这个时候，刚好严总家里出了一些事情，需要回老家待一个月。当天我正好在这家公司，就和严总聊了一个多小时。

严总告诉我其实她并不是真的想离开这家公司。我就跟她说按照现在的情况，她可以先休一个月的假，然后我去跟张总商量具体工作如何安排。

这个时候，张总对严总分管的工作做了一些微调。如果硬调，一定会让严总觉得是张总在逼她走人。一个月的时间说不上长，但也有了空间，可以把某些分工调整一下，这样大家都好接受。

1　麦克利兰三大动机理论包括权力动机、成就动机、亲和动机。——编者注

其实当时我心里也捏了一把汗，因为严总是一个比较要面子的人。幸运的是，一个月后，严总在心态上也有了一些变化，慢慢接受了工作上的调整，这种情况算是平稳地过去了。

我讲这个案例是想说，张总这样着急做决策的老板遇到严总这样有大公司背景的高管，可能会出现这样的问题：一方面是张总容易把事情想得太简单，总觉得严总在那么大的公司都能管得了，来自己这里还不是轻轻松松？另一方面，严总也觉得自己能行，或者说觉得自己是对的，是其他部门管理者有问题。但处于快速成长期的公司实际上都很混乱，要视具体情况来解决难题，而不是一刀切。

作为老板，在用人的时候要看看这个人的性格特点。如果对方是一个权力动机强的人，那老板就要谨慎一点，看看他的能力是否匹配他的权力动机；如果对方是一个权力动机不强的人，老板反而需要鼓励他放手去干。

再讲一个例子，是关于创业怎么选搭档的。

M，

创业者，

性格温和。

N，

为人严格，

追求权力和控制。

　　我之前有一个学员 M，他是一个创业者，来找我的时候是想把大学同学 N 挖去做自己的副手。他们的私交特别好，念大学的时候，M 是他们班的班长，N 是他们班的学习委员。

　　当时我没有见过 N，就让 M 叫 N 做了九型人格图表测试，我发现他的 1 元素和 8 元素的分值特别高。看到这类数据，我们称这一类人为"移动的山"，就是人特别严肃、特别较真，给人压力大。

　　而 M 是一个比较温和的人，也比较适合去整合外部资源。他想把 N 挖来管理内部、运营团队。

　　我当时看了 N 的测评数据，问 M："他是不是一个特别挑剔并且面部表情特别冷的人？"他说对。

　　我就告诉他："你挖他来呢，表面上看是互补。因为你是个'笑面人'，去外头谈合作很好，但管理内部团队很有可能会没有章法、没有规矩、没有战斗力。从这一点来说，你们俩可以互补。但是，你是老板，他是副手，我觉得你们俩不搭。"

　　他问："为什么？我们俩关系挺好的。"

　　　　　　　　　　　　　　　　职场真话

我说："因为他更像老总，而你更像负责对外商务的副总。"

我说："你要想清楚一个问题，你的团队之前有几十个人，是那种其乐融融的氛围，把这哥们儿招进来之后，大家会觉得自己在受罪。而且从测评数据上看，N 是一个没有弹性的人，他认为自己做的事情都是对的，别人都是错的。这样的人可能会让下面的人很难受。"

我当时就建议他先别把 N 请进来，可以先让他作为一个外部顾问去参加公司里的一些战略讨论会，月度例会或者项目讨论会也可以，先让团队感受感受。

M 也接受了我的建议，就这么去做了。

两个月之后，M 找到我说："薛老师，被你说对了，我们团队的人跟 N 配合可太难了，我决定还是算了吧。他要是进来，我觉得自己得天天帮他处理各种人际冲突。"

识人识己，
要到真实的世界里去碰撞

陈舒扬　那你会建议普通人如何提升自己的识人能力？

薛毅然　识人、识己是一体的。

一个人花三百多块钱就能做盖洛普测评，拿到自己的报告，但是大多数人看自己的报告所获得的信息，肯定没有我看获得的多。因为我见过特别多人，我拿到一个人的盖洛普测评报告，就能大概对应上这个人跟谁谁谁相似，那么谁谁谁之前踩过的坑，我就会提醒这个人别再踩了；谁谁谁之前遇到这类困难，这个人可能也会遇到。我对报告的分辨率高也是因为我见过大量的人，接触了大量的案例。

这也是我觉得一些基于职业测评或者说人格类型的学习社群是有价值的原因。比方说李海峰老师的 DISC 社群，就是基于 DISC 理论来做的。参加他的社群，你不仅能学习这个理论，还能看到不同的人是什么样子的，也可能见到跟你一样的人选了什么样的工作做得特别痛苦，或者选了什么样的工作做得特别好，而跟你不一样的人又是怎么样的……这些线下社区其实给了人们见到更多人的机会。这些社群的重点可能不是知识本身，而是让人见到各类人。

在识己这件事上，你也不要一头扎到自己的小世界里。你只有先看到别人，再回来看自己，才能知道自己跟别人哪里不一样。

陈舒扬　所以还是要多见人。

薛毅然　我知道有一些人特别爱看书，也很喜欢思考问题。他们从书中获取了大量的信息，但如果没有跟真实的世界产生交互，那从书中获取的信息就只是信息，而不是直接的感受。去学习各种理论模型也是一样的道理。

选人、用人，
有这些基本探测点

陈舒扬　刚才说测评工具其实是向我们提供不同的探测点，如果我们抛开前面聊到的各种工具，比较单纯地说，在职场里选人、用人，有没有一些最基本的探测点？

薛毅然　我们先做一个限定，在一个真正需要干活的组织里面——也就是抛开那种浑水摸鱼的情况，事实上某些资源驱动型的组织包含各种关系，未必需要真正干活的人——我们去看一个人的时候，哪些是最基本的探测点呢？

　　先把人品放一边，虽然它很重要，但不太好去评价。我认为很多人内在的善与恶更像一种动态变化的比例关系，在有些场景中他会善良一些，而在另外一些场景中他会冒出来一些恶的种子，我们做管理、做人才发展工作更希望去激发大家向善而行。

　　第一个基本探测点是动力系统，我老用这个词。动力系统就是这个人对自己有没有要求、有没有内驱力、想不想成事。

　　很多雇员属于那种领导交代我的活儿能干好，但你说他自己非要怎样怎样，其实他没有想那么多。这样的人，我们一般说他动力不强。

如果我是雇员，我的动力系统很强，特别想成事，但我的领导和团队成员都很佛系，我也会很难受。

再往下说，第二个基本探测点就是看一个人的综合能力。

我会首先看一个人有没有"脑子"。这不是指智商，更像一个人是不是相对理性与客观，有没有基本认知或常识。

我最怕遇到三种"没脑子"的人，第一种就是过于天真；第二种是缺乏常识，这种人可能智商还挺高的，比如很多名校毕业的人，你跟他们接触之后就觉得他们在一些方面缺乏常识，不过我觉得把他们放在某一个具体的岗位上可能没有问题；第三种就是他认为自己特别有脑子，谁的话都听不进去，过于自信。

如果要组团队，我首先会排除这三种人。

在这个基础上，我会再去看一个人的逻辑思维能力，也就是我们一般说的收集信息、分析信息的能力。

除了逻辑思维能力，还有我们在跟人打交道的时候，最外头表现出来的那层人际界面。比如我刚才提到的那个例子中的N，他外表看起来很严肃、很较真，这就是人际界面。有的工作岗位的确需要人际界面更友好的人，不管一个人的内心是什么样的，外在给人的感受还是很重要的。

但是呢，我们也不要被一个人的人际界面干扰自己的判断。比如说有些人看起来很友好，有可能是"笑面虎"，也有可能是没有原则的"老好人"。如果你是员工，遇到这两种领导也会挺难受。

　　　　　　　　　　　　　　　　　职场真话

我们大多数人，尤其是性格内向的小伙伴，看到比较友好的人会觉得舒服、安全。有一个小伙伴换工作的时候跟我说自己以前的领导特别凶，新领导特别友好，她就很开心，但是过了三个月她就想离职了。原因就是这个新领导从来不说不，不是自己这个岗位或者部门的事情也扔过来让她做，而且在跟其他部门产生冲突的时候，新领导只会做"老好人"，她就觉得特别憋屈。

另一些人的人际界面上看起来特别严肃、认真，会比较苛求、比较挑剔。这样的领导会给下属带来压力，也难以亲近，很多小伙伴遇到这样的领导都会感觉不舒服。但你可能会发现跟这样的人在一起工作，其实他能够帮你形成特别好的职业操守和工作方式，这会让你一直受用。

还有一些人的人际界面看起来很霸道，我一般会避开这样的人。并不是说这样的人没有价值，在一个团队里，这样的人有时候就是业务能力最强的那个人，但要考虑团队成员之间的配合。

这是我自己选人、用人时会关注的一些最基本的探测点：动力系统强弱、综合能力、逻辑思维能力、人际界面。

做一个开放的观察者，
而非评判者

陈舒扬　还有一个问题，人性会不会太复杂以至于难以捉摸？

薛毅然　人性是很复杂的。每个人都很复杂。

首先，千万不要认为自己之前被忽悠了，以后遇到事情就想躲开，想永远待在自己的安全区里。一个人年轻的时候，因为看人看走眼而吃过一些亏，可能还是好事。我觉得只要你在社会里边，识人就是一种很有必要有的能力。

另外，要做一个开放的观察者，而不是评判者。

现在大家动不动说什么PUA，或者网上爆出了一些职场上的丑闻，人们就喜欢对别人下论断。社会和人性都很复杂，不要急着下论断。

还是讲我自己的经历。前面说过我刚硕士毕业的时候去了那家集团的总部，我投简历的时候，本来是集团下面的一家子公司要招一位办公室主任，但是他们面试我之后就把我留在了总部，又给子公司招了一个人。后来正是那家子公司出了问题。

简单说就是办公室主任和几个老总把应该回馈客户的礼品分了，后来这件事情被发现了。

我当时就在想，如果我去了那家子公司，是不是也会成为他们中的一员，成为"同流合污"的一个人？不是没有这种可能啊。因为那家子公司的总经理是从某个行业挖来的，在某些组织里头，这种事情可能很正常。如果我一毕业就去了那儿，我可能也会觉得这不算什么。

你不在那个位置上，怎么就知道有些事儿自己一定不会那么做呢？

在忍不住对人下论断的时候，我们都要反思一下。

年轻的时候多接触一些人，多接触一些事，哪怕不能理解，哪怕自己被伤害，哪怕自己很痛苦，但所有的过程是在帮我们建构对世界"更真实的认知"。等我们到了一定年龄，去分析和判断一些事情或者做一些重要决策的时候，就会明智一些。

识人这件事情没那么简单，但是观察和思考还是要继续。

#重要的话#

- "事"都是由"人"说出来的。描述某件事情的时候，每个人都加上了自己的主观思考和判断。
- 在识人这件事上，我们一定要有敬畏之心。
- 不要期望依靠某个测评工具来确定自己适合做什么工作。测评工具并不能简单地指出你适合做什么、不适合做什么。因为一个人的性格特质跟职业不是一一对应的，但是测评报告能帮人排除最不适合他的选项。
- 作为老板，在用人的时候要看看这个人的性格特点。如果对方是一个权力动机强的人，那老板就要谨慎一点，看看他的能力是否匹配他的权力动机；如果对方是一个权力动机不强的人，老板反而需要鼓励他放手去干。
- 在识己这件事上，也不要一头扎到自己的小世界里。你只有先看别人再回来看自己，才能知道自己跟别人哪里不一样。

职场真话 12

打工人，
也要懂公司、懂管理

本章讨论的话题：

公司如何分类

如何识别处在快速发展期的优质公司

企业文化的不一样主要体现在哪些方面

普通打工人该学习什么样的"组织行为学"

本章案例：

为什么一名销售不愿意找"有卫生间的公司"

非常年轻的团队在"大厂"新业务条线的"突围战"中快速成长起来

总惦记着给中层人员介绍对象的老板

霸道的老板可能是被下属"惯"出来的

上司为什么会拒绝给符合晋升条件的下属提职级

选公司，
不能只看大小

陈舒扬 我们之前聊过"皇帝的新衣"这个案例，当时提到一个人想干实事，就要选择自己有空间干实事的公司和平台。不过当时没有展开聊，这次就专门聊聊不同组织、不同公司的不同风格这个话题。

你也一直在给企业做管理咨询服务，接触的公司类型应该挺多的。如果要大概给公司分类，你会从什么角度去分类？

薛毅然 我会按照几种比较传统的方式去分类。

第一种方式是按照企业的性质或者说股权结构去分类，比如说分成国企、央企、外企、民企、创业公司。这里面也有复杂的情况，比如说百度，它不是国企也不是外企，而是家民企。但是为什么一说到百度、滴滴、阿里这些公司，我们很少称为民企？其实是因为它的股权结构多元化。我们所说的传统的民企很多时候就是老板、老板的老婆、老板的小舅子……总之就是老板家开的。但是当企业的股权结构多元化之后，它的性质就不一样了。近些年创业公司说得比较多，更多指的是几个人搭个班子去弄一摊子事儿。

第二种方式是按照所在的行业分，比如说房地产、金融、IT、互联网、生物制药、大健康、新消费……我们经常会讲传统行业，一般是指农业、工业、制造业，还包括传统的商业。

为什么要按股权结构和行业分？因为它们对组织文化和组织管理方式都是有影响的。

第三种方式是按规模分。小公司的管理可能是比较灵活的，没有那么多规范，层级也很扁平；一般说到规模大的公司，就会感觉它的管理比较规范。其实前几年大公司也在讲扁平化，就是要划分业务单元，激发组织的活力。

但是不管怎么讲，大公司和小公司还是有很多差异的。有的人找工作，就是挑公司规模。

我听到一个正在找工作的人说自己"再也不想找有单独卫生间的公司了"。其实就是他以前在小公司干，很多小公司租的不是写字楼，而是商用的套间，里面有单独的卫生间。所以这个人的意思是想找大公司，未必一定要特别大，但至少办公室是租在有公共卫生间的写字楼里，他把这当成一个评估标准。为什么他这么看重这个呢？因为他应聘的都是那种偏销售的岗位。公司规模小的话，可能不知道哪天老板就跑路了，很多销售人员连提成都要不回来。

但是也有人来找我的时候，我会特意跟他说他不适合去大公司。还记得我们前面讲过的那个即将大学毕业从外地过来找我的男生吗？我觉得如果他在那种特别大的公司做 To B 的销售，他会觉得自己被限制。

在大公司，一方面是年轻人的上升通路相对来说比较窄；另一方面是公司一大，就难免变得"官僚化"了。

我还会从公司的发展阶段分，比如初创期的公司、快速成长期的公司、平稳发展期的公司、衰退期的公司。

比如滴滴，在 2015 年之前，滴滴大体上可以算一家初创期的公司。从 2015 年到 2019 年，滴滴算是处在快速成长期。我们回忆一下，在 2016 年、2017 年，新闻里天天在讲"网约车大战"以及专车的安全和合规性问题。那几年正是网约车快速扩张的阶段，彻底颠覆了传统的出租车行业。在 2019 年往后，滴滴成了网约车老大，基本上人人用上了打车软件。这个时候，它的业务规模增速肯定不会像之前那样，也就是进入相对平稳发展期。

判断一家公司处于什么发展阶段，除了看它的业务规模，更直观的可能是看它的人员规模。当然，如果不是上市公司，业务数据也不会公开。

比如说一家公司最近半年一直在招聘，招了很多人，那肯定是业务在扩张。再比如从办公区域是不是在扩大也能看出来公司处于什么发展阶段。有的公司一年换三个地儿，是越换越大。反过来有的公司从一个比较大的办公区域搬到了一个更小的地方，那它很可能是在收缩业务。这些都能打听出来。

其实在面试的时候，我们完全可以问对方公司业务上的数据，包括人员规模的变化。有的时候，对方可能会说得夸张一点，但也是会说的。有的创业公司老板就经常把数据发到朋友圈，说公司业绩又突破了多少。如果已经去面试了，那公司业务的大体情况是能够了解到的。

一般来说，传统行业，比如制造业的整个发展周期会更长——当然不同行业也不太一样，而且一些传统行业会受外部环境和政策的影响，可能很快就会出现一些变化。但相对来说，一些处在新行业或者所谓新经济、新消费领域的公司，发展周期会更短。比如说某网红茶饮店，它可能一下子爆红，但又很快销声匿迹，它的平稳发展期可能没有在我们小区里头开的驴肉火烧店长。衰退期的公司也是一样，有快速衰退的，也有缓缓衰退的。

加入快速发展的公司，
更容易获得"拉伸式"成长

陈舒扬　　是不是选择处在快速成长期的公司进入"职业发展快

车道"的可能性一定更大？这样的公司如何识别？或者说如何识别其中比较优质的公司？

薛毅然　这还是一个概率问题。加入处在快速成长期的公司，职业发展加快的可能性会更大。

当一家公司在一年内从 30 人扩张到 300 人，它肯定会到处招人，对吧？但是它培养人的速度永远跟不上业务发展的速度。在这种情况下，老板就会看哪些小伙伴有潜力，然后把这个人提拔起来去用。当然这里头也是有风险的，有一些人的能力没那么强，提拔去用可能也会耽误事，或者目前用着还行，时间长了也会出问题。但总体来说，处于这样阶段的公司，人会被提拔去用。

我们经常说人的成长一定是在实践中获得的。当一家公司快速发展的时候，任务和事情自然会多，不单是量增多，种类也可能增多，可能还需要你去干从来没有干过的事情。不同的人在这个时候的反应不一样，有的人会觉得老板什么资源都不给，也不给涨工资，还让我去干更多的活儿；有的人会把这当成历练的机会。

最近我看了一本书，书中提到两个概念——"赚到钱"和"赚到做"。"赚到做"比"赚到钱"更重要，因为"赚到钱"就是当下赚到了钱，"赚到做"积累的是一个人的能力和资源，它的价值更大。

在很多处于快速成长期的企业中，小伙伴是一个人顶两个人用的，今天让你干这件事儿，明天让你干那件事儿，其实成长是很迅速的。在这个过程中，也会有很多小伙伴感到头疼，特别是那种完美主义的人。他希望将一件事做到足够好，但是公司在这个阶段，没办法提供这样的条件。公司需要的是无论如何先干起来，干起来再说。有完美主义偏好的人可能觉得一件事情没有做到自己的标准就必须放手很折磨人。

陈舒扬　在一线城市，其实这种公司好像还比较好识别？一般都是明星公司，就是比较容易看到公开报道的那种？

薛毅然　我觉得不能这么说。也有一些公司算不上明星公司，但你能够看到它的发展势头并且加入，也是很好的机会。

先说城市。快速成长期的公司一定是一、二线城市多，三、四线城市特别少。如果我的一个同学生活在二、三线城市，我会跟他讲最近几年经济发展放缓，如果自家孩子不是特别抗拒体制内的工作，那体制内的确是比较好的选择。

怎么识别这样的公司？我们也可以从宏观层面、中观层面和微观层面去看。

看城市、看区域、看行业，都算宏观层面。刚才我讲了，从职业发展快的角度来看，对于年轻人来说，一、二线城市的机会肯定是更多的。当然这也是个概率问题，不是说去了一、二线城市，个人发展就一定更快。

但如果问我究竟是去成都还是杭州，或者是深圳，单纯从区域的角度来说，其实是可以找到一些排名方式的，可以参考房价上涨速度、目前的房价水平。因为房价意味着人口的净流入速度和居民收入水平，人口快速流入的地方、人均收入更高的地方，经济一定更有活力，机会也更多。

再说到行业这个层面。我们就举一个最简单的例子，如果我现在给你两个选项，让你二选一，一个是房地产行业，一个是金融行业，你会怎么选？

陈舒扬　金融。

薛毅然　对。按道理来说它们都是规模比较大的传统行业，但是我们知道中国的城市化进程发展到这个阶段，房地产行业一定是开始衰退的，它的人才供需关系也会随着衰退发生变化。当然金融也是一个很泛的领域，比如保险业也算金融行业。但是不管怎么样，如果有人跟我说自己的孩子刚毕业想进房地产行业，我可能会说："咱能不能换一个？"

人工智能、大数据、大健康，包括医美业，从大趋势上来说，它们还是比较新的行业。再比如我听说"简单心理"不久前获得了 B 轮融资，其实从这种信息里，我们也可以看出哪些行业的趋势好。

行业不仅影响职业发展的快慢，而且最直接影响的就是薪酬。不同行业的薪酬水平差异，更加直观和明显。

另外，同样是趋势好的行业，也要看行业规模。所谓行业规模，就是这个行业的市场容量。

有的人可能会觉得，我就一普通打工的，行业规模跟我有关系吗？其实还是有关系的。

举个例子，假设小李同学两年前进入医美行业的一家公司，这家公司在行业里也谈不上是头部。他本来做的是线上运营，两年后积累了一些经验和人脉，这时他发现了一个商机，可能会解决上下游供应链的效率问题。这个商机确实不错，小李就想去创业，这个时候他需要融资。那整个行业的规模，就会影响小李能融到多少钱。

这有点像那个淘金的寓言，金子多，淘金的人多，那卖铲子、卖水都是机会。所以，行业规模对一个人能否进入职业发展快车道也有影响。

前面说的是从宏观层面上来看，从中观层面上来看其实就是选公司。这就是我们刚才说的要特别关注公司所处的发展阶段，有时不一定是公司的发展阶段，可能是这个行业或者你做的业务的发展阶段。

如果行业处在群雄逐鹿、混战的阶段，比如说当年的"百团大战"，那你进入这个行业其实是一件好事，因为你也不知道在哪儿会碰到机会。如果你现在所处的行业已经被二分或三分，机会可能就没那么多了。

小李，互联网"大厂"新业务小组长，
由于业务做成，
他和团队小伙伴都"被成长"起来。

　　这里我想到服务过的一个客户小李。他当年跳槽去了一家互联网"大厂"，公司本来要给他安排的是一块相对成熟的业务。但这块业务发生了一些调整，他入职之后被扔到了新业务中。这个新业务其实也谈不上有多新——打个比方，我本来是卖苹果的，我看到竞争对手在卖香蕉，那我也开始卖香蕉吧，但是所有客户已经习惯了去竞争对手那里买香蕉，那我现在要想办法让别人来我家买香蕉——当时他做的就是这样的新业务。在互联网"大厂"做这种新业务，其实公司也不会给你太多"子弹"，就先给你几个人让你先去做，做起来一点再加"弹药"。小李把这个业务做起来了，相当于完成了从零到一的突破。在这个过程中，他用的那些小伙伴很年轻，并且被"拉伸式成长"起来了。他跟我聊的时候说到，如果空降一些专家级别的管理者，他们会很难生存下来，因为下面的人最开始都是用小团队突围的方式把事情做起来的，空降的人根本做不来。所以即便那些小伙伴非常年轻，他也更愿意去快速地培养他们。

　　这个团队最早可能就几个人，也没什么资源，甚至看起来有点边缘化。假设一个刚刚大学毕业的人进了这家"大厂"，加入了这样一条新业务线，一旦做起来，那他很有可能快速成长。

我们再来说说微观层面。

所谓微观，其实就是要去看更多、更详尽的信息，比如看公司创始人的背景。也不是说背景好一定能成事，但是从融资的角度来说，背景好，至少拿到融资的概率会更大。

除了创始人的背景，也可以去看这家公司的种子轮或者天使轮是谁投资的。如果投资方比较牛，大家会觉得这是一种背书。很多草根创业背景的人可能啥投资都没有获得，但是依然可以重点看看创始人的背景。

还有一点是看办公地点，但也不能一概而论。据说字节跳动的张一鸣、美团的王兴都是在清华大学附近的居民楼里开始创业的，所以要综合地去看。

也可以看看公司"忽悠"来的同事。如果同事都特别牛，人们通常会觉得这家公司做大的可能性大一些。

当然了，你上了这辆车，但你能不能在这辆车上获得相应的利益，这又是另一个问题了。

这就要看你在这家公司具体做的事情。举一个不恰当的例子，如果我是美团特别早期的员工，我入职之后一直埋头做测试工程师，中规中矩，可能收入还不错，但也没有获得特别的成长。那我其实相当于进入了快车道，但车速只有 60 公里 / 小时，没有真正跑起来。这跟一个人的能力有关，也跟一个人做的事情有关。如果我干的事情能够让我天天跟"大佬"一起讨论业务，那我会成长得更快。

公司文化和管理风格，
也要提前考量

陈舒扬　前面说的是业务层面，再从管理层面和企业文化层面来说好不好给公司分类，以及好不好事先判断。我的感觉是不进入公司就很难真正体会那种管理和文化上的差异。

薛毅然　不同的公司，管理和文化上的差异特别大。

我们就不说小公司了，就算是大公司之间，差异也很大。最直观的比较，比如有的公司餐厅特别好，包括一些互联网"大厂"能达到员工天天在朋友圈晒三餐的程度；但我们也知道网上有不少"黑文"针对一些"大厂"，吐槽洗手间，吐槽吃中饭的时间，等等。从这些具体的事情上，我们也能够看出一家公司的管理是不是比较人性化的。

再比如说很多年前我在咨询公司工作的时候服务过一家国企，中午在这家公司吃饭的时候，我发现餐厅是分两类的，高管有自己的小餐厅。这也是一种文化。

从办公室也能看出来。虽然说现在很多互联网公司都有开放的办公空间，但还是会有差别。比如我们看到某家公司都有好几百人了，结果首席执行官连自己的办公室都没有，跟大家一样只有一个工位。这也能够看出公司的文化。

另外，我觉得也可以从人情味这个维度去感受。比如我认识的一个朋友，她也是做人力资源工作的，但她跳槽到一家国企的第二个月就发现自己意外怀孕了。她特别不好意思，跟上司说如果不方便，她可以主动辞职，因为她本来就在试用期内。但是上司是这么跟她说的："我们是国企，我们要承担这种社会责任。"

我觉得在某些国企里头，这种事情可能很正常，包括员工家里人生病了，请个假、陪个诊什么的，大家都会觉得很正常。甚至员工的家属生病做手术了，一些国企的工会还会去看望一下。但现在的很多新兴公司就不太一样，它们可能会觉得这是个人隐私。如果某个员工家里有事情要请假，上司可能会说："那你就在 OA 或者钉钉上提申请，我去批一下。"

你感受一下就会知道，其中的人情味是很不一样的。当然，这也跟我们说的很多公司"太忙"有关，大家都忙着做自己手头上的事情，顾不上这些了。

再往下说，公司怎么看待客户、怎么看待员工、怎么看待同事之间的竞争与合作关系，都是企业文化的重要组成部分。

有些公司把"客户至上"当作口号，但它们可能不是这样干的。比如说客户提出了一些需求，有些公司可能会觉得客户真讨厌，又提这么多需求，或者想忽悠过去。再比如说一些公司已经习惯了对客户、用户吹牛，甚至是欺骗。像这种公司出来的人，我可能都不愿意用。因为当吹牛成了一种习惯，是很难改掉的。

但确实像你说的，如果不进这家公司，你是看不见这些的。

至于公司怎么看待员工，我觉得大体上可以分为：公司是把每个员工看成有内驱力的个体还是只关心这个员工好不好用，或者说把员工看成有血有肉的个体还是"工具人"或者说"经济人"吧。

所谓把员工看成"经济人"，就是说在这个岗位上，我给你发多少钱，你就干多少活。有这样文化的公司可能不太在意员工的感受，跟员工之间也没有太多情感上的维系。

G老板，

有人情味，重情义，

会给员工介绍对象。

我们说所有的老板都是商人，话虽如此，但不同的老板对员工还是不一样的。比方说我曾经的客户公司的 G 老板。公司的中层管理者里有一位男士，30 多岁了，没结婚，也没女朋友，G 老板就惦记着给这位中层管理者介绍对象。因为他觉得结婚意味着更稳定的生活，不能总一个人漂着呀。我们先不说他该不该管这种事，至少我们可以感受到，他不是把员工当一个"经济人"去对待。

还是这个 G 老板，在公司早期发展的时候，他们招的某个员工可能基础素质很一般，主要做一些执行类的工作，等整家公司发展到一定阶段的时候，这个人的能力不足以跟上公司的发展需求去独当一面，G 老板会对他感到不满意，也会批评他，但 G 老板还是会说："只要他想留在这里，我一定会给他找一个适合的地方。"从这也可以看出，他是个重情义的老板。

但换个老板可能会觉得，对于业绩不行、能力不行的人就不该心慈手软。其实这也体现了公司的文化。

还有就是这家公司怎么看待同事之间的竞争、合作关系，我觉得这还挺重要的。

在有些公司或者部门，大家是抱团儿的，互相帮助，今天谁没空，另外一个人可以顶上；但也有一些公司，同事之间的事情会分得很清楚。

我觉得这主要跟"小老板"有关系，也就是部门领导，看他是否鼓励大家合作。对组织来说，分工明确自然重要，但是有的管理者为了省事，把事情切割得像豆腐块一样，这个人负责这一块，那个人负责那一块，但实际工作中一定会有很多交叉的地方。如果上司只知道分工明确，而不鼓励团队合作，那大家很有可能就是"铁路警察——各管一段"。

鼓励合作的另一个表现就是鼓励信息的交流、信息的共享。

是否鼓励合作，主要跟部门领导的风格有关，这就说到，公司大到一定程度，员工所感受到的公司文化更多是部门文化。

说到部门文化，其实更多是看部门领导。我在得到 App 的《给应聘者的反面试指南》讲座里讲过，一个人在面试的时候就

　　　　　　　　　　　　职场真话

是在观察自己未来的部门领导了。当时，我用 PDP 模型对管理者进行分类。我们也在《识人识己》播客里展开讲过，怎么用大五人格模型去看管理者的尽责性、宜人性、神经质水平。

我觉得只要不是那种恶意打压下属的领导，或者不是领导的人品有问题，部门文化、部门领导都没有绝对的好与不好之分。而且不同人的偏好也不一样，如果让我在一个有点严厉、苛刻的领导和一个"老好人"式的领导之间选，我宁愿选前者。

因为"老好人"往往没有原则，喜欢和稀泥，也不做决策。你问什么事情，他都是含含糊糊、悬而不决的。我最怕这种领导，但换一个人可能就更喜欢待在这样的领导手下。

部门文化也不是只跟部门领导有关，也跟团队里的其他伙伴有关。

举个例子，我的一个好朋友小张就跟我说过自己的领导，我们就称他为魏总吧，用 PDP 模型来分析的话，魏总是"老虎 + 猫头鹰"型的领导。"老虎"就是比较霸道，"猫头鹰"就是比较严苛，"老虎 + 猫头鹰"型就是又霸道又严苛。下面没有人敢反抗魏总，下面的人交上去什么东西，魏总一质疑就没有人敢说话。

但小张还算是比较敢反抗的。比如说她做了一份表交给魏总，魏总看了后直接打电话过来，说："你这个表怎么回事？"小张说："这个表单整体是按照昨天我们讨论的思路设计的，后面我又把要落实的细节补充进来了，加粗的部分还没来得及跟您商量，我是从几个方面考虑的……"讲完了，魏总说："那下午我们碰一下吧。"

举这个例子是想说，领导肯定有自己的想法，如果你做的东西不太符合他的想法，那他肯定直接把你否定了。但如果下面没有人说"领导，其实我是这么想的……"这类话，那永远是这个领导说了算。

陈舒扬　所以领导是什么样的人跟下面的人的风格也有关系？

薛毅然　人跟人之间的事情，哪有一个巴掌拍得响的？我们说一个老板霸道，很有可能他是被下面的人"惯"出来的。

职场新人也要懂
一些"组织行为学"

陈舒扬　我有种感觉，就是职场人，特别是职场新人，需要拥有一个全景的视野，了解一个组织是如何运作的，它必然会遇到哪些矛盾……这样的话，一方面，下对上能够多些理解和体谅；另一方面，人们也知道在自己的位置上怎么做事情更"聪明"。如果让你给职场新人开一门类似"组织行为学"的课程，你会怎么去设计？怎么去讲？

薛毅然　我觉得新人进入一个组织，首先会面对三方面的难题：

"事"上面的难题，也就是工作任务；

"人"方面的难题，因为你总要跟人打交道，哪怕你是写代码的、做测试的，也需要跟人打交道；

"自我"方面的难题，人跟自我的关系是看不见的，但也是最难处理的。

陈舒扬　你说的新人跟自我的关系要怎么理解？

薛毅然　每个人都有自我，但你一旦进入某个组织，就相当于把自己放在一个"游戏场"里。这个"游戏场"有自己的生态，而你也有自己的角色、自己的装备、自己的任务。在这个"游戏场"里，你带着装备完成了一些任务，然后升级装备接着打。如果你比较适应进入的游戏类型和分给你的角色类型，那还好；但如果你进入不太适合你的"游戏场"或分配给你不太适合的角色，你就可能会产生自我怀疑，甚至很痛苦。这个时候，就需要处理跟自我的关系。

组织行为学可以说是一个心理学跟企业管理相结合的领域，相当于在心理学的基础上研究企业或者组织的问题。它更多的是从管理者的视角出发，或者说从组织的目标出发。

但是，既然是给职场新人讲组织行为学，就要从个体自我发展的角度去看。我来讲的话，可能会有四个部分。

第一部分，选择跟什么样的人一起共事，其中最重要的就是直接上级；

第二部分，跟很多人共事的时候，要了解人的多样性和差异性；

第三部分，看到不同的人身上不同的利益诉求和恐惧、焦虑；

第四部分，在摸爬滚打中慢慢澄清自己的原则、找到自己的风格。

第一部分的重点就是跟什么样的领导。这个主动权最好能更早地握在自己手里。不是说我们一定要找到一个对自己非常好的领导，而是要去想自己一定不要跟什么样的领导。就像我刚才说的，我特别抗拒那种悬而不决的"老好人"式领导，原因是我是一个想干事儿的人，我也希望领导能够对我有一些专业上的引领。一个人的人品再好，如果对我没有专业上的引领，那我作为一个职场新人，也会感到很难受的。

第二部分，其实就是我们上一次聊的"识人识己"。我用大量的篇幅去讲这个，就是要让大家看到个体的多样性。在使用测评工具的时候，很多人是想去了解自己的，而我想要让大家注意到：别人和你不一样！在关系中，最容易出问题的情况是"我这样想，我以为他也这样想，当他不这么想的时候，我就觉得他在针对我"。如果你知道对方不这样想是因为对方有自身的特点，你们就能更好地达成共识。我希望大家看到不同的人在不同的场景下是如何思考的，以及他们的感受有什么不一样的地方。

比如说我之前在一家公司讲盖洛普测评课程时，公司团队里有一个级别还不低的男生，我看了他的盖洛普测评报告就开了一句玩笑话说："你有不同意见的时候，是不是很难在会上表达出来？"那个男生就很害羞地笑了。我接着跟他的上级开玩笑，说："如果你发现他在某次会上欲言又止，不要在会上逼他把意见说出来，可以等散会之后，你跟他私下聊，他可能就会说出他的想法。他特别害怕在会上说意见让别人感到不舒服。"因为我看到这个小伙子的"体谅"才干和"和谐"才干都特别靠前。

我会去讲不同特点的人在一起合作时可能会出现的挑战和冲突，以及不同类型的人适合用什么样的方式去沟通或者合作。在我看来，有七八成的职场冲突是彼此不太了解造成的。

第三部分，我认为职场新人还要去理解跟自己处在不同位置上的人的利益诉求和恐惧、焦虑。

我们经常讲"管理上司"，其实管理的就是上司的恐惧和焦虑。

讲一个例子，我辅导的一个小伙伴在前两天把他和上司的微信聊天截图发给我看，说："毅然老师，这个事情我没懂。"

事情的原委是：他所在的公司是家比较大的公司，跟很多大公司一样有一套比较成熟的双通道晋升机制。他的管理职级不久前升了一级，按照内部的评审标准，他的专业职级也可以往上升一级。他就想升级，问了人力资源管理者，也问了专业秘书，都说他是符合这个条件的，他就提了申请。结果上司把他说了一顿。因为他和上司平时关系也挺好，所以上司也说得不太客气。他当时就有点儿晕，问我："我怎么搞不懂领导为啥生气？明明我是符合条件的。"

我当时跟他说："你要站在上司的角度去看。作为上司，他管着二三百号人的团队，他需要全方位地去平衡。虽然从条件上说你是符合要求的，但你现在站在风口浪尖上，所有好事都发生在你身上。作为老大，他肯定要考虑如何平衡整个团队的关系。他也有自己的焦虑。"

在很多大的组织中，我们经常说"有人的地方就有江湖，有江湖的地方就有政治"。我想对职场上的小伙伴说，你做的事情不仅代表你，也代表你所在的团队，还代表你所在的公司。如果你觉得自己的上司有过度的控制欲，那你可以换位思考一下，想想他的恐惧和焦虑是什么。

第四部分是作为职场新人，我们要在摸爬滚打中慢慢澄清自己的原则，找到自己的风格。

这就涉及前面说的如何处理跟自我的关系。

比如说这些年做管理咨询，我是有自己的原则和底线的，我一直跟自己强调的就是"不作恶"。

我记得四五年前辅导过一个女生，她当时在一家创业公司做首席财务官，她一开始找到我的时候说自己特别不擅长办公室政治。我辅导了她一年，她说："毅然老师，你辅导了我一年，我觉得你没有教我阴谋，你在教我'阳谋'。"

每个人都要去找自己的底线。底线听起来抽象，但落到不同的工作场景和任务里，就非常具体。比如说我在甲方公司做人力资源负责人的时候，碰到一家子公司要"关停并转"，其实就是要裁员。在整个过程中，我需要跟子公司所在区的劳动人事部门商量这些人的失业救济金怎么领，我们怎么定补偿的政策。这些都很具体。我们具体处理一件事情的背后，都是有底线或原则在的，这需要每个人在自己的工作中慢慢澄清。我的底线、我的原则，就是自我的一部分。

还有就是找到自己的风格。比如说我和我的合伙人做管理咨询时，风格是比较"硬"的，如果我觉得客户的某个做法有问题，我会马上指出来，但我其实只是一个外部的顾问，可能不该由我直接过问。这就有点像我本来是坐在副驾驶座上的，但总喜欢替司机踩刹车。我们的风格可能会让我们失去一些客户，但是也有一些客户喜欢我们这种有点儿"过界"的服务。有自己的风格之后，我们也更容易遇到匹配的客户。

找到自己的原则和风格，这既关系到我们怎么做事情，也是在抒顺我们跟自我的关系。原则清晰了，风格稳定了，自己就会更舒服。

#重要的话#

- "赚到做"比"赚到钱"更重要,因为"赚到钱"就是当下赚到了钱,"赚到做"积累的是一个人的能力和资源,它的价值更大。
- 公司怎么看待客户、怎么看待员工、怎么看待同事之间的竞争与合作关系,都是企业文化的重要组成部分。
- 公司大到一定程度,员工所感受到的公司文化更多是部门文化。
- 你做的事情不仅代表你,也代表你所在的团队,还代表你所在的公司。如果你觉得自己的上司有过度的控制欲,可以换位思考一下,想想他的恐惧和焦虑是什么。
- 在摸爬滚打中慢慢澄清自己的原则、找到自己的风格,这其实也是在捋顺你跟自我的关系。

职场真话 13

如果不想"躺平",
你该了解的"职场通用能力"

本章讨论的话题：

薛毅然总结的"职场通用能力"

自我管理能力

思维决策能力

人际交往能力

领导团队能力

本章案例：

从事自由职业10年的薛毅然如何通过管理时间形成自己的节奏

一位不太自信的新晋管理者找"外挂"熬过职场艰难期

一个内向的女生用定任务的方法逼着自己提高社交能力

薛毅然在谈判中"管理"对方的安全感

因读工商管理硕士而打开视野的首席执行官

优秀的职场人，
需要拥有四类能力

陈舒扬 之前讲过，你认为职业发展中有三类最常见的限制性短板，其实你还总结过"职场通用能力库"，对吧？这本书的最后一章就留给它吧！

也就是我们来聊聊如果一个人不想"躺平"，想成为一名更优秀的职场人，他需要拥有哪些能力。

先讲讲你是怎么总结出这些能力的吧。

职场通用能力库

薛毅然 我在咨询公司做人才发展项目的时候，常常要把不同岗位的"素质模型"提炼出来。怎么提炼呢？主要通过访谈。我们会先找到在这家公司的这个岗位上做得非常好的员工，然后问他的工作内容，问他是怎么做到这么好的，反推这个岗位需要哪些核心的特质和能力。

后来在得到 App 上开发《怎样找准你的职业路线》这门

课的时候，我就在之前的基础上整理出了一套"职场通用能力"——我认为这是在任何职位，包括成为管理者之后，必不可少的能力。

我经常说在职场中需要搞定事，也就是完成工作任务、达到工作目标，其实做事情的背后都是要跟别人配合的，所以还要搞定人。我们老觉得只有销售岗位才需要搞定人，其实每个岗位都需要，但最重要的还是搞定自己。

陈舒扬　所以"职场通用能力库"的最内圈是自我管理，中间圈是人际交往和思维决策，分别代表搞定人和搞定事。

薛毅然　对，能力库最外面的圈是成为管理者之后需要具备的职场能力，因为带团队的搞定人跟人际交往中的搞定人不太一样。

自我管理的核心
是情绪管理

陈舒扬　那我们就从自我管理说起。我记得你之前说过自我管理的核心是情绪管理。

薛毅然　我说情绪管理是核心，可能也是从自身的体会和感受出发的。

我本来不是一个情绪管理得很好的人，情绪波动比较大。原来在甲方公司做人力资源总监的时候，由于我的情绪管理得不是特别好，所以有的时候会怼老板、怼平级的工作伙伴，也会怼下属，总之是脾气不太好。现在回想起来，自己那个时候是挺不成熟的。

但我们不要把情绪理解成负面的。情绪也是一种能量，它有可能让你超常发挥，但它也有破坏力。比如我状态不好的时候会说出一些很犀利的话，这些话可能也有价值，但会伤到身边合作的伙伴。

当我意识到自己情绪不好的时候，我能够做到的是先闭嘴，不说出那些犀利的话。因为说出去的话就像泼出去的水。对跟我一样情绪不太稳定的人来说，如果只给一个建议，就是学会先闭嘴。

陈舒扬　市面上有非常多的书和教程在讲目标管理和时间管理，这两个概念也挺宽泛的，那怎么具体地理解这些能力，并且落实到自己每天的工作和生活中呢？

薛毅然　拿我自己举个例子，在我做自由职业的 11 年中，前 10 年都是我一个人干，我是到 2021 年才有了一个合伙人。也就是说前 10 年我都是靠着自己的目标管理和时间管理走过来的。

目标管理很重要！我们需要目标，可以是个很宏大的目标，也可以是个很具体的目标。有了目标才可以去行动。

比如我辅导过的很多人，他们在职场中可能很难有太大的发展——工作很清闲，自己也没有什么激情，但也没办法裸辞——他们可能需要找到个人成长的第二曲线，即副业或者叫斜杠。那我就会帮他们厘清想法，聚焦到具体的目标上。

还有一些人想跳槽、想转型，我也要帮他们聚焦到具体的目标上，这个目标就可以牵引他们去行动。

我是一个很务实的人，我给大家做辅导，基本上都是落实在一页纸上的几条具体行动方案。我对目标管理的理解是比较具象的，就是你有了这个目标就可以行动起来。如果没有一个可以启动的目标，任何事都没办法去做。

有人说一年是 52 周，我要读 52 本书，这是目标；有人说我每读完一本书都要把知识做成思维导图，这也是目标。目标不一定是定量的，不一定是结果目标，也可以是过程目标，但一定是很具象的。

但这些目标靠谁来找？一定要靠自己。我只是帮对方厘清，或者说优化。

说到时间管理，我自认为是达人。我认为时间管理就是找到自己的节奏。我自己一个人做了 10 年咨询，咨询公司的前同事跟我说："毅然，你真行，自己做了 10 年，要是我肯定会乱掉。"是的，我的节奏不会乱掉。

我的节奏是高中课程表的模式，当然没那么辛苦，不至于还要上早自习、晚自习。我会把每天分成上午、下午、晚上这3块，等于一周被我分成了21块。但我不会把这21块时间填满，那样的话就没了弹性。一定要给自己留出弹性。如果我周六、周日比较忙，我一般会把下周一的3块时间调成自由的状态。我可能早上晚点儿起床，然后收拾收拾家、洗洗衣服，晃一晃，中午懒得做饭就出去吃。如果我知道自己周六会特别忙，要讲全天的课，那我周五下午就不会安排事情，以免临时遇到什么情况需要调整，不至于让自己变得很紧张。

我在脑中把每周分成了21块，自己的大目标和日常例行要做的事情全在其中，这样我的节奏不会乱。如果我要出去玩一周，我就会把工作前置或者后延。

我理解的时间管理就是保证规定动作的完成，保证目标的达成。

其实还有一点，我一定会给自己留出发呆的时间。这个太重要了。留出发呆的时间其实是指留出思考的时间。当然发呆也不是说什么都不干，比如说我会一边收拾房间一边听平时涉猎比较少的音频内容，听到某个地方的时候，我脑子里可能突然冒出一个什么想法。思维决策这个部分的创新思维特别需要发呆时间。

陈舒扬　我想问一个问题，因为大部分人还是公司里的职场人，不管是目标管理还是时间管理，我觉得好像都被人设定了，不由自己做决定。在这种情况下，怎么做好目标管理和时间管理呢？

薛毅然 我也是在职场里工作过的人，道理是一样的。

我很早就发现人分为"软切换"和"硬切换"。我属于硬切换，就是我随时可以从一件事切换到另一件事，但是属于软切换的人很害怕被打断，因为一旦工作被打断，再想回到原来的工作状态就特别费劲。

之前有一个管理者来找我，说自己在工作中经常被打断，很痛苦，而且他的工作中非常重要的一部分是需要他独自思考的。他想知道怎么解决这个问题。

我说："你是喜欢晚上思考还是早上思考呢？"他说喜欢早上，因为他有锻炼的习惯。

我说："如果你早起半个小时，有问题吗？"他说也没啥问题。

我说："你能不能每天早晨去公司的健身房运动，运动完冲个澡？"他说也可以。

我说："那你早晨早点走是不是还不堵车？"他说对。

我说："你看你早起半个小时，到单位不堵车，运动完之后就给自己腾出了 40 分钟不被打扰的时间，你可以去做重要的事情。"

我觉得不要认为自己被别人裹挟了。如果你不把选择权拿回自己手里，你当然很容易被裹挟。

的确，在职场中，人们在时间上的自主权是小一些，我当年也是一样。我硕士毕业后就进入一家公司，公司给我安排的是管理岗，涉及大量的跨部门沟通工作。那个时候我的大量工作就是

"聊天"，也要根据别人的时间来调整工作时间。需要自己一个人完成的工作，我就只能晚上下班后干。我并不是号召大家加班，而是说越早把选择权拿回自己手里，找到自己的节奏，目标管理和时间管理就能越做越轻松。

人人都需要自我赋能

陈舒扬　我记得你之前说过，职级越高，自我赋能这种能力越重要。

薛毅然　其实我后来想一想，认为人人都需要自我赋能。

在工作中，我们肯定会遇到一些比较艰难的任务，一些令人特别不开心的任务，一些令人很抗拒的任务，它们可能跟你的价值观有冲突，可能跟你的个性有冲突，甚至可能是别人把"锅"甩到你身上了，你还得扛着……不管是什么原因，当自我赋能能力比较强的人知道这是一个自己没有办法改变的局面时，他可能会说："没关系，我做了吧。"

有的人遇到挑战就会很兴奋，有的人遇到压力就想往后退，我觉得这种反应可能是天生的。

小王，

低调、自信心不足，

在外界肯定不足时会怀疑自我。

　　我之前辅导过一个女生小王，其实她蛮优秀的，但是她这个人比较低调。她以前在 A 领导手下做事，A 领导也很器重她，她一直干得挺舒服。后来公司业务发生调整，她被安排去独立负责某一块业务，相当于没有了 A 领导的"保护"。这个时候又空降了一位 B 领导，这位领导就经常质疑她的工作。其实新领导也不是针对她，只是对当时她负责的那块业务有很多疑问。小王就觉得压力很大，很难受，产生了严重的自我怀疑。

　　她希望我客观地评价她，想知道在同龄人中，从能力和各方面来讲，她到底怎么样。我当时也说了自己认为她有哪些优点，有哪些不足，但最后我告诉她，她在我看到的同龄人中的确很优秀。

　　后来，过去了一年，有一天她在微信上联系我，说我当时对她的反馈特别重要，我对她的评价让她获得了力量。

　　举这个例子是想说，如果你真的觉得压力很大，寻找外部支持也是一种很好的方法。最怕的是有的人即使压力大到一步也迈不动，自己扛不过来了，也不会去求助。

这个女生可能就属于那种天生不那么自信、需要外部反馈的人。如果我给管理者做辅导，我一定会跟对方说如果团队里有这样的人，你一定要多给他积极反馈。

的确，我看到非常多的人很难看到自己的优点和进步，他们习惯了自我否定，遇到压力就往后退。这可能真的是天生的。那作为这样的人，他能做些什么呢？我觉得就是别着急，慢慢来，还是用我之前说的目标管理和时间管理，一点一点地去做。在做的过程中，可能他会越来越有力量。

训练思维决策能力，
先从"照猫画虎"开始

陈舒扬　之前说的都是自我管理，我们再来看看中间那个圈：一半是人际交往，一半是思维决策。我记得你讲过，大部分人身上的这两部分是不太均衡的——擅长人际交往，相对来说就不擅长思维决策；擅长思维决策，就不太擅长人际交往。

薛毅然　基本上是这样的。但既然我们说这是"职场通用能力"，就说明这些能力都是可以训练的。

我们就先从思维决策这一部分说起。

第一个是系统思考，说白了就是不要以偏概全。我特别受不了一个人跟我说"这个事情就是这样"，我会想："为啥就是这样？你真的系统思考过了吗？你是不是只看到一两个方面而没有看到全貌呢？"人很容易相信过去的经验。系统思考的最大好处是让我们形成思考一个问题从多方面入手的习惯。

系统思考单拎出来还能讲一章。我告诉大家一个训练系统思考的好办法——去网上查一查战略咨询公司或者管理咨询公司的各种思考模型，它们就是系统思考。这些模型的核心就是告诉我们去思考一件事情的时候，要从哪些维度、哪些方面去思考。这里就不展开讲了。

我不是一个天生系统思考能力强的人，是生生因为做管理咨询被锻炼出来的。

第二个是方案设计，它跟系统思考相关。方案设计能够倒逼一个人去系统思考。

当人遇到任务的时候，反应也是不同的：有些人是想清楚了就不干了，有些人是想清楚了才能干，有些人是想了一点儿再边干边想。每个人的启动方式不一样，但启动之前，都有方案设计。

方案设计跟系统思考一样，都可以"照猫画虎"。就好像系统思考时大家可以去网上找模型，方案设计也是一样的。现在很多公司特别强调知识管理，其实就是把各种"猫"搜集、留存下来，方便后面的人照着"画"。

方案设计在很多时候只是一个靶子，不代表方案设计出来后我们一定会按方案去执行。但是有了方案，我们就可以跟领导或者合作伙伴一起，顺着这个靶子往下思考。

如果说系统思考和方案设计都可以通过"照猫画虎"习得，那风险控制和有效决策对思考能力来说就要求更高了。

但是，风险控制能力太强了也未必好，除非你就在风控类的岗位上。因为如果风险控制这项能力太强了，人会一直盯着风险，那就不行动了。

有效决策是思维决策中最难的部分。所有的思考不都是为了决策吗？决策这件事，越高的管理层级做起来越难。创业者做起来最难，因为他们面临的复杂情况和不确定情况最多，天天都在打"移动靶"。

陈舒扬　我觉得有效决策的背后，还是大量的经验。但经验是不是需要时间去积累？决策能力也能刻意训练吗？

薛毅然　经验不一定要靠时间去积累，年龄只是一个因素。同是 28 岁的人，为什么差异那么大？是因为有一些人在 23 岁的时候，一年当三年过。我遇到过非常多让我感到很惊讶的 30 岁出头就非常有洞察力的人。

有效决策的能力，对很多专业人士来说，好像是自然而然就拥有的能力。比如说一些经验很丰富的技术大咖，他们好似本能地知道出了问题该怎么样处理，这的确跟经验有直接关系。但是我们这里说的有效决策，更多是一种通用能力，而不只是专业领域的判断力。

为什么我说决策对管理者和创业者来说更难？因为可供他们"练习"或者试错的机会并不多。

我觉得有效决策主要在于三方面的训练：

第一个方面就是阅读。读万卷书和行万里路都重要，读书是获得别人的经验和洞察的方法。但是光读书肯定是有问题的。

第二个方面就是要与各行各业的人交流，人只有在交流的过程中才会知道自己的认知是有局限的。我们每个人的成长经历不同、学历背景不同、职业不同，获取的信息当然也不一样，如果能多去了解别人做出判断的时候背后的逻辑是什么，那其实就相当于完善了自己的认知。

第三个方面就是工作中的实践和历练。我特别想说的就是，职场新人除了把自己手上的工作干好，还要有意识地去观察其他同事是怎么干事儿的，自己领导是怎么做事情的，他们这样做背后的判断是什么，这个判断是怎么得出的。也可以把自己代入领导的位置，假设自己遇到目前的情况会怎么做，然后看领导是怎么做的，看自己想的跟领导想的是不是一样。很有可能不一样，至少不完全一样，那也可以直接问一问领导为什么要这样做。

观察你身边的人，看他们是如何思考、如何行动的，这是我们在职场中最容易获得的一种"二手经验"。

其实还有很重要的一点——自己去找做决策的"体感"。在生活中，你天天做很多小决策，找到决策的"体感"就是意识到自己什么时候做了什么样的决策，刻意去理解自己做决策背后的那套逻辑和模型，或者去理解自己做决策背后的价值主张和偏好。在这个过程中，你可能会越来越清楚，做什么样的决策对自己来说是有效决策。

我经常讲一个真实的笑话：我有一个朋友，高中的时候，有一天同学跟他说下午去踢足球吧，他中午就去新华书店买了一本书——《怎么踢足球》。这个笑话是说你没有真正上场踢，你了解的是足球的规则，但是真正的决策场景是你在场上带着这个球的时候，是选择自己往前冲还是传给其他伙伴。

即便是职场小白，也在天天做决策。比如你接到一个任务的时候发现有问题，那你是第一时间自己解决还是找领导？当你意识到某个机会出现的时候，你是第一时间把握还是再观望观望？这些都是决策。

思维决策里的第五个能力叫创新思维。以前我们会觉得创新思维这一项像"附加题"，但在现在的职场上，我觉得它越来越重要了。因为传统领域的机会正在变得越来越少，创新变得越来越重要。

创新思维也是可以训练的。我曾经认识一位专门讲创新思维的老师，他推荐了一本书——《好点子都是偷来的》。这本书其实就是说通过借鉴别人去找创新的点子，而且创新都是跨界发生的。

人际交往能力需要"体感"，只能在实战中训练

陈舒扬　说到人际交往能力，普遍的理解是说一个人比较外向，会跟人打交道，但是你提出了"关系建立""人际理解""沟通表达""说服谈判""组织协调"这几个子能力，它们之间的关系和区别是什么？

薛毅然　先说关系建立，因为我们跟人打交道时要先建立关系。

陈舒扬　什么叫作关系建立？比如我们俩互相加了微信，这叫关系建立吗？

薛毅然　加了微信却一句话都没说，这不叫关系建立。

　　关系建立是指打过一些交道、合作过一些事儿。比如说我们在一场线下活动中认识，彼此加了微信，过了几天我给你发微信说："舒扬，听说你之前在 ×× 公司，我想了解一下你当时参与 A 项目了吗？因为我现在有一个项目，跟那个项目很相似。我遇到一个困难，想请教一下。"如果你是一个特别擅长关系建立的人，你可能会说："当时那个项目，我参与得不太多，但我跟参与过的一个前同事还比较熟。需要的话，我帮你约一下他，你有空跟他聊聊？"

这就是打了交道，而且一来二回的，我们的交道是不是就打得更多了？这就是我说的关系建立能力。

陈舒扬 明白了，关系建立是人际交往的基础。

薛毅然 往下就是人际理解能力。比如说我们在一个社群里，不管是线上的还是线下的，多少会发现有一些人的人际理解能力是有点弱的，他可能只顾着表达自己的想法，没有关注到其他人的感受。

这其实有点像我们说的"识人识己"，看到别人和自己的不同，才能在必要的时候照顾别人的感受，让别人感到更舒服。

这里多说一句，其实人际理解能力强的人，未必擅长快速建立关系。我有一个朋友，人际理解能力很强，敏感心细，她如果遇到内向、边界感强的人，会自然地跟对方保持"安全距离"。但另外一个朋友，大大咧咧，对所有人都无差别地表现热情。后面这个朋友，她反而能够更主动、更快地跟人建立关系。虽然她的热情可能一开始会让一些内向的伙伴感觉不舒服，但是时间久了，大家也都喜欢她。

毕竟，时间久了，大家更多是用真性情打交道。

但是在某些合作关系中，人际理解能力还是很重要的。比如某位上司有个下属，工作认真负责，却有点"玻璃心"。如果这位上司的人际理解能力差，下属把某个工作任务交上来后，他对一个地方很不满意，就会觉得对方不认真，甚至在蒙混过关，话就说得很难听。他可能没有看到这个员工挺努力工作的。换一个人际理解能力强一点的上司，他可能会明白这个下属的特点，知道他并不是糊弄人的人，那他可能会先肯定对方，再指出不足。

除了人际理解，沟通表达能力也特别重要。我们常说情商，情商中必不可少的一部分就是感受和情绪的沟通与表达。

我们模拟一个工作场景，比如说我是一个比较高冷还有点"玻璃心"的人，快下班时，手头还在忙着自己的工作，这时另外一个部门的 H 同事跟我说了一件事，需要我去做。我就不咸不淡地回了她一句："那好吧。"H 同事明显感觉到我不太开心，但是她也没说什么，就说"那行"，然后走了。

这一刹那，两个人仿佛结下了一个不太舒服的结。

但是，如果 H 同事是比较擅长沟通表达的人，她可能会说："毅然，在我说这个事情的时候，我感觉你有点为难，你是不是觉得这个分工有问题？还是我没有表达清楚？"

然后我可能说："你今天晚上要我做这件事，但是张总跟我说今天晚上要把 ×× 文件发给他，我就觉得有点儿来不及。"

H 同事可能就说："那要不这样吧，客户是明天下午要，如果你能够在明天上午 10 点之前给我，我再合并到整体大方案里头也是来得及的。"

我说："那我尽量今晚给你，要是实在给不了，最迟明天上午 9 点一定给你。"

你看这样是不是就好多了？如果我跟 H 同事都是闷葫芦，心里都感到不舒服却都选择不沟通，那这个不舒服的结是不是永远在那里？可能还会影响我们以后工作上的沟通。

再说说服谈判和组织协调。对偏商务的岗位或者升到管理岗位的人来说，这两部分可能就更重要。

所谓说服谈判，就是要去"谈"，但你也要知道对方的难处，知道谈判的空间在哪里，这就涉及收集信息和换位思考。

说服谈判既有对上的也有对下的，还有跨部门和对客户的。说服谈判的难点，主要在于要面对冲突和化解冲突。

先讲一个我自己的例子。我当年在咨询公司的时候接待过一个客户，我服务了一段时间之后，客户公司内部发生了一些调整，咨询项目被暂停了一段时间，对方新上任的领导又让我们干了很多项目之外的事儿。

到我们公司季度考核的时候，我的这个项目就算是延期了，公司也没有按合同约定收到一期合同的第二笔款项。我当时需要跟这个客户谈判。

我首先先跟对方说我们也有项目回款的进度要求，当时那个客户的负责人说："对，我特别理解你们，其实是因为我们这边的变动导致这个项目延期了。"然后我把我们做过的事情列在一张表上，再说哪些工作不属于这个项目范畴。最后我引导着客户跟我们签了二期合同，把原来多做的那部分内容加了进去，并且一期合同的款项也收回来了，还做了一个备忘录。

我经常说你要去理解每一个人，当他有拒绝的表现或行为的时候，背后一定有恐惧和焦虑。但是他能坐在这儿跟你谈，那他一定有自己的诉求，就需要你去体会他的诉求是什么、他的恐惧是什么、他的焦虑是什么。

了解对方的恐惧和焦虑之后，你能否有效地管理他的安全感，这在谈判说服的过程中是非常重要的。如果你能给他吃颗定心丸，让他放下焦虑和恐惧，那这件事情就有可能往前走。

我们之前有一个客户，一开始签合同的时候他问我们："咱们是签半年还是一年？"我们一般是一年起，但是我当时说："没关系，可以先签半年。"其实我是在化解他的焦虑。半年结束的时候，他跟我说："毅然老师，咱们再签一年吧。"他为啥不说还签半年呢？其实就是他看到了效果。

我们做管理咨询向企业客户提供服务，说得直白一点，就是对方付出金钱，我们付出时间，但是效果很难说。所有咨询都是这样的，包括来找我做一对一职业发展咨询，也是这样。那这个事情能够进行下去，其实是需要互相的信任的。

说服谈判能力当然也是需要去历练的。为什么说做过业务的人、做过销售的人在这个方面会强一些，而一些管理者，尤其是从专业技术岗位升上来的管理者在这个方面会弱一些？就是因为没历练过嘛，需要慢慢来。

如果说服谈判是一事一议，是跟某个人或者几个人去谈某件具体的事，那组织协调可能就是千千万万条线。它更复杂，面对的局面也会更大一些。如果工作中涉及组织协调，那做这个事情的人是需要有一些"格局"的，要能够看到复杂性，在过程中可能还要有一些取舍。这个可能要比说服谈判更难。

总的来说，人际交往的能力必须在实战中训练，看多少书都没用，它和思维决策不一样。大脑可以通过看书去训练，但人际交往更需要"体感"。关键就是找到适合的实战场去训练。

老杨，性格内向，
以设立目标的形式逼自己训练
人际交往能力。

　　我认识一个很内向的女生，可以叫她老杨。大家现在接触老杨，可能根本感受不到她的内向。老杨跟我们讲过，她小的时候特别喜欢看书，在家里头通常是把门一关，跟父母的交流也不多。她在硕士毕业找工作的时候就意识到自己的社交圈子要打开一些，她就逼着自己参加了一些社团。最近她要换工作，正在看新的工作机会，这个时候她发现自己的面试经验很少。因为她的第一份工作是朋友推荐的，很快就入职了。于是她规定自己要复盘每一次面试，并写下来。她在找工作的这段时间还给自己定了一个过程目标，每周都要找两个朋友一对一地聊天，每周都要参加一场线下的多人活动。她就是用这种方法，逼自己从"洞穴"中走出来。

管理者需要走出去

陈舒扬　最后来说说领导团队，包括知人善任、凝聚团队、资源整合、跨团队合作和绩效辅导。

薛毅然　当一个人开始领导团队，他就从自己完成任务变成带着别人一起去完成任务。这个时候，他一定要知道怎么让合适的人待在合适的位置上。这就是知人善任。

知人善任就是人和岗位的匹配，人和关键任务的匹配。作为管理者，一定要看到团队成员身上的优点和局限性。

可是问题来了。有一些特别能干的人被提拔到管理岗位上，是因为他自己可能真的是"全能"。这样的人会觉得：我很容易就做成这个事情，为什么让小张去弄数据就弄不利索？让小王去负责商务，他跟别人建立关系就那么难？他会觉得是下属不努力、不负责，但事实可能是别人不擅长。

所以，知人善任的核心是能够看到每一个人的不一样，并且接纳不一样。每个人都有自己不擅长做的事情。比如以盖洛普才干来说，让"分析"和"专注"才干靠后的人去做数据分析，每天让他对着那么多数据，去做数据的清理、去建模、去找数据背后的逻辑，他一定干不好，而且他有可能会干崩溃；让"战略"、"统筹"才干靠后的人去负责需要长袖善舞的工作，他可能也没有办法去做。

知人善任，这个能力没有那么容易获得，因为人和人太不一样了，而且每个人的脑门儿上并不存在一份使用说明书：我适合干这个，不适合干那个。大多数刚刚被提拔上来的团队管理者没有进行过训练，没有办法看到每个人的优势和局限，分派任务时就会出现偏差。分派任务出现偏差之后，绩效辅导和凝聚团队也会面临很大的挑战。

然后来说绩效辅导。

有一些管理者认为，只要把任务分下去，别人就能做出来，这也是在"想当然"。想一想我们现行的教育体制，还是老师讲课，然后划重点，最后大家去考试。所以在职场上，还是需要有人去"打个样"的，员工才知道怎么做。一个员工从新手到能够独当一面，能够灵活应对不同问题，是一个漫长的过程。在这个过程中，他需要管理者去辅导。尤其是现在的很多互联网公司面对的不确定性非常多，变化又非常快，大家经常要摸着石头过河，推翻已有的经验，不断创新。这个过程更难。

讲一个例子。我有一个客户，他们重新开发了一块业务，新提拔上来的经理没有做过这块业务，这个团队的总监接触过这方面的业务，那么我们就建议总监对新提拔上来的经理有一个陪跑的过程，简单说就是他俩每天都要讨论这一块工作。

这有点像师傅带徒弟，实际上这位总监并不是真正的师傅，他只是比这个经理经验丰富一些。一开始，总监和新晋的经理通过不停地讨论拉齐认知、对齐目标。陪跑一个半月之后，经理已经进入了不错的状态，这个时候他们可能一周开三次会就可以了。

刚才说的是总监对经理的辅导，新晋经理对团队成员的辅导也是这样一个过程。比如说我带五个人，我一定是先有团队的月度或者周的工作计划，分派给每个人，然后跟每个人探讨这些工作应该怎么开展，执行的过程中有问题就去解决问题，下属的工作跑偏之后要及时纠偏……绩效辅导贯穿于整个工作中。

新晋的管理者在知人善任和绩效辅导中，一定会感觉更加忙乱。这是因为以前自己把事情搞定就行了，现在既要把任务分配下去，又要辅导员工把任务完成，有的时候恨不得觉得"这事儿还不如我自己干最快"。但是不行啊，如果你总是自己干，下面的员工将永远培养不出来，毕竟一个人能干的事情是有限的。

知人善任和绩效辅导，更多的是上司跟下属一对一的关系。而凝聚团队其实是一对多的关系，它对管理者的要求更高。

团队成员会因为个性不同、工作方式不同而产生矛盾和冲突，这是管理者要去处理的难题。另外，团队中的分工也不可能像刀切豆腐，一块是一块的那么清楚，一定有一些交叉地带，会有分工不明确或者资源分配不清晰的情况，包括"抢地盘儿"，这些也是管理者要去面对的难题。

实际上，在凝聚团队上，最难的是遇到团队士气低落或者业务拓展受阻的情况，这个时候凝聚团队更为重要。

讲一个例子。之前我辅导过一个销售团队的管理者，他们当时压力特别大，一方面是人员流失，另外一方面是这个周期的业绩目标挑战还特别大。而且受疫情的影响，他们的出差也受限，整个团队的士气很低落，总能听到小伙伴相互抱怨，说"这活儿没法干了"。

这个管理者找我做咨询的时候，我帮他梳理了一下工作内容，梳理出了当下最重要的几件事情，其中一件就是团队士气以及骨干员工的激励和保留。因为照这个现状发展下去，这个队伍就要散了。

当时我给他的建议是从三方面入手。第一，想办法从公司里面争取资源，比如说争取团建方面的资源。后来他们找了一家比较好的民宿，请了一个培训师做了有点偏积极心理学的团体辅导，并没有做那种传统的团建辅导，讲什么销售技能，而是用了一种新的团体辅导的方式，让大家能够比较放松，能够感受到彼此的信任。并且辅导完当天下午就开了一次研讨会。研讨会的内容是以某一个大项目为例，让大家集思广益，看看能有什么突破点。这次团建的效果不错，这个管理者给我的反馈是大家的情绪状态被逆转了，大家开始去想办法。

第二，我建议他跟几个骨干成员做一对一的交流，问问大家心里的想法。他也做了，大家也说到因为疫情，因为出差受阻，的确是情绪不太好，而且不久前公司的大老板发表过一通讲话，话说得不太好听，意思有点像"干不好你们就走"，也让大家有些寒心。这个管理者就跟他的骨干员工讲："最近一段时间，公司上上下下可能的确有一些负面情绪，但是我们出来打工，更重要的还是把事情做好……"让大家把注意力放在个人的成长和团

职场真话

队的业绩目标达成上。

第三，我建议他开始招募新人。有的时候，新的团队成员进来，尤其招募到一些更积极、更努力的团队成员，也会带动整个团队的氛围。后来他招了两个还算比较资深的销售人员，并且跟团队融合得不错。

所以，凝聚团队是一个比较复杂的过程。它需要管理者看得到士气的变化，还要能稳得住。比如，因为疫情，很多公司不得不居家远程办公，有一些团队要求大家每天早晨开例会的时候打开摄像头，开视频会议。这背后的逻辑是：如果我们早上洗好澡、洗好头发，化一个漂亮的妆去开视频会议，那这个人一整天的状态都会更好。这也是在凝聚团队。

前面说的知人善任、绩效辅导、凝聚团队是对内，跨团队合作就是对外了。这里说的跨团队，不仅仅是内部的其他团队，也包括外部的团队。

举一个例子。我辅导过一位电商团队的管理者，我们都知道双 11、618 大促对电商来说是非常重要的时间点，他们要去考虑怎么获取流量，有哪些促销活动，怎么去选品……这些是电商的运营团队要考虑的。他们还会跟技术团队、客服团队、仓储物流团队和财务团队配合，确保在短时间内大流量进来的时候，有能力接得住，还要减少客户的投诉。

我辅导的这位管理者的团队中一位成员，跟财务部门的一个同事发生了冲突。冲突的细节就不讲了。那个财务部门的同事是一个资历比较老的财务人员，态度很不好。当时这位管理者在我的工作室里跟我做月度的工作复盘，他看了一眼手机，我明显感觉他的情绪上来了，他就把来龙去脉简单地跟我讲了。我跟他说："在这种情况下，情绪上来很正常。但是如果今天晚上不把这个事情解决，那留到明天是不是可能会影响销售？你有没有想过在当下，重要的不是升级矛盾，而是解决问题？"他想了一下说应该马上叫运营总监、财务总监，还有财务经理一起开个会。我说："那你想财务总监一定是从整个资金管控风险的角度去思考的，他很有可能不会因为时间紧而去配合你。以你对他的了解，他是不是有可能拒绝你？那你该怎么办？"这位管理者脑子转得特别快，说自己想了两个备选方案，要去跟他们谈，但是要先测算一下。很快他就在我的工作室里给手下打了两个语音电话，说了一下他的思路以及如何测算，让对方一个小时之内把两个备选方案的测算做完。做完这个事之后，他又分别给运营总监和财务总监打了电话，约好一个半小时之后一块儿开一个线上会，把这个事情说一下。

这就是在我的工作室里发生的一个真实场景。

举这个例子是想说，跨团队合作时一定要换位思考，比如说财务部门可能就是无法同意业务部门的这个主张、这个方案，它有它要考虑的风险点。所以跨团队合作的时候，管理者一定要知道，站在别的团队的角度，以专业性而言要如何思考这个问题？关键控制点在哪里？你要既能找到一个满足他的关键控制点，又能让你的业务顺畅运行的方案。你对其他团队的工作越了解，你去影响和说服他们才能越有理有据。

跨团队合作也可能是跟外部的团队合作，比如很多商务合作、异业合作。我们都知道，公司在很多时候没有那么多资源来做业务推广，就需要跟外部进行一些资源互换，用商务合作的方式拓展业务。跟外部团队合作的时候，最重要的是能不能快速找到关键接口，能不能跟对方快速建立信任，达成基本的信任框架，然后快速推进这个事情。这也需要管理者了解不同领域的情况，并且要有比较强的说服谈判能力。

最后来说资源整合。

资源整合是很多管理者会忽略的问题，因为它需要更大的视野。它要求一个管理者能够思考怎么把自己当下做的事情放到更大的社会分工中。

如果仅仅是一个沙县小吃的门店，那老板只需要考虑怎样能够增加客流，怎样能够降本增效，但这样做下去，永远只是一个某小区底商的沙县小吃。事业的版图做不大。

我辅导过一个首席执行官，他之前把所有时间都花在公司上，天天在想这块业务怎么弄，那个人怎么安排……全部精力都在想着公司的事情。我后来跟他说："你要不去读个EMBA（高级管理人员工商管理硕士）？"他说："有过这样的想法，但总觉得可能也没啥用。"我说："还是有用的。"后来他就去北大读了EMBA。前两天我见到他，问他："你觉得有什么收获吗？"他说还是挺有收获的，还说了一句特别有意思的话："我算是发现了，我这么多年挣的都是苦哈哈的钱。"

这个管理者之前就像沙县小吃的店主，之前他再努力也只能赚沙县小吃的钱，但他通过读书、跟同学交流，视野打开了，对自己的业务有了新的考量。

做管理者，不一定要做到首席执行官这个级别才去考虑资源整合，管理者都要有走出去的意识，去开阔视野，去接触更多的人和事，说不定能看到更多资源和机会。

#重要的话#

- 有了具象的目标，就可以行动起来。如果没有一个可以启动的目标，任何事都没办法去做。

- 时间管理就是保证规定动作的完成，保证目标的达成。

- 不要认为自己被别人裹挟了，如果你不把选择权拿回自己手里，你当然很容易被裹挟。

- 非常多的小伙伴很难看到自己的优点和进步，习惯了自我否定，遇到压力就往后退。这可能真的是天生的。如果你是这样的小伙伴，别着急，慢慢来，做好目标管理和时间管理，一点一点地去做，在做的过程中，可能你会越来越有力量。

- 观察你身边的人，看他们是如何思考、如何行动的，这是我们在职场中最容易获得的一种"二手经验"。

- 你要去理解每一个人，当他有拒绝的表现和行为的时候，他的背后一定有恐惧和焦虑。但是他能坐在这儿跟你谈，说明他一定有自己的诉求，那你要去体会他的诉求是什么、他的恐惧是什么、他的焦虑是什么。

- 知道了对方的恐惧和焦虑之后，你能否有效地管理他的安全感？这在谈判说服的过程中是非常重要的。如果你能给他吃颗定心丸，让他放下焦虑和恐惧，这件事情就有可能往前走。

- 人际交往的能力，必须在实战中去训练，看多少书都没用，它和思维决策不一样。你的大脑是可以通过看书去训练的，但人际交往更需要"体感"。

附录：职场生存工具包

我们在前面提到了一些跟个人成长和职业发展有关的书、课程、理论模型等，在这里做统一整理和推荐。

自我认知

- 图书《突破天性》
- 图书《发现天赋的15个训练方法》
- 了解盖洛普优势理论：图书《盖洛普优势识别器2.0》
- 了解贝尔宾团队角色理论：图书《团队角色》
- 了解MBTI理论：图书《天生不同》
- 了解九型人格理论：图书《积极的九型人格》、图书《为自己的性格找份工作》

自我发展

- 图书《了不起的我》
- 图书《斯坦福大学人生设计课》
- 图书《德鲁克的自我发展智慧》
- 图书《高效能人士的七个习惯》
- 图书《深潜》
- 图书《成为黑马》

- 图书《人生定位》
- 图书《如何控制自己的情绪》

团队管理
- 图书《卓有成效的管理者》
- 图书《领导梯队》
- 图书《4D卓越团队》
- 图书《管理团队》
- 图书《赋能：打造应对不确定性的敏捷团队》
- 得到App课程：《刘润·5分钟商学院》
- 得到App课程：《汤君健·给中层的管理课30讲》
- 得到App课程：《衡量·团队管理20讲》

表达沟通
- 图书《沟通的方法》
- 图书《非暴力沟通》
- 图书《凸法则》
- 得到App课程：《李南南·怎样升级你的说服力》

找工作和面试
- 图书《决策的智慧》
- 图书《底层逻辑》
- 图书《人生算法》

- 在行App的付费咨询服务，可以帮你找到各领域的专业人士
- 得到App—薛毅然：《给职场新人的面试指南》《给应聘者的反面试指南》

自由职业
- 图书《一人企业》
- 图书《斜杠创业家》
- 图书《未来的工作》
- 公众号"薛毅然"里的"自由职业的自由之路"系列文章

后记

没想过自己会写一本书，更没想过会是一本"访谈体"的书，可见很多事情不是想出来的，是做出来的。

上个月看罗振宇老师的《阅读的方法》这本书，有一句话很有共鸣，"所有人的建议，都是毒药，而所有人的经历，都是宝藏"。

作为管理咨询顾问，我平时大量的工作就是和客户一起讨论难题如何解决以及给客户提各种建议，而我的建议恰恰来自各行各业各年龄段伙伴们的经历。

这也是本书最想传递的理念，每个人都是独一无二的，每个人都要走出属于自己的成长路，但他人的经历和故事或许会对你有借鉴作用，或许会对你有启发，或许你不认可某个观点但它激发了你去深入思考，也是很好的。

在我和舒扬的盖洛普优势测评报告中，"完美"才干都排在第一。"完美"才干排在前面的朋友都喜欢一句话——"没有最好，只有更好"。因此，我们开启了第二本书的创作，期待下一本书更好！

这本书得以出版特别感谢中信出版社的曹萌瑶老师、李晓彤老师，对我和舒扬坚持采取"访谈体"给予的支持和帮助！还要感谢特别神奇的插画师许诺，书中案例为保护当事人隐私都做了信息模糊处理，而且我也无法提供更具象的信息，但很多幅人物插画与真实案例的当事人竟然如此神似！

感谢每一位找我做职业发展咨询辅导的伙伴们，正是你们的信任让我可以如此近距离地了解你们的成长经历和所思所想，也让我对这个真实的世界有了更多的体验和感悟。

感谢我的丈夫和女儿，一直在支持我做自己喜欢、擅长的事情！

最后，感谢耐心阅读本书的朋友们，期待你们的反馈和建议！

薛毅然